처음 배우는
스노보드
매뉴얼

LIFT MO TURN MO 1NICHI DE KORYAKU！SNOWBOARD 1NENSEI
ⓒ SEIBIDO SHUPPAN 2010
Originally published in Japan in 2010 by SEIBIDO SHUPPAN CO., LTD.
Korean translation rights arranged through TOHAN CORPORATION, TOKYO.,
and Eric Yang Agency,Inc., SEOUL.

이 책의 한국어판 저작권은 에릭양 에이전시를 통한 일본의 SEIBIDO SHUPPAN CO., LTD. 와의
독점 계약으로 삼호미디어가 소유합니다.
신 저작권법에 의거하여 한국 내에서 보호를 받는 저작물이므로 무단전재와 무단복제를 금합니다.

처음 배우는 스노보드 매뉴얼

묘코산 스노보드 스쿨 지음 | 이윤혜 옮김

삼호미디어
samho MEDIA

스노보드는 어떤 스포츠인가? / 8
기본적인 스노보드 용어 / 12

PART 01
스키장에 출발하기 전에 / 19

보드 고르는 법 / 20
바인딩 고르는 법 / 22
부츠 고르는 법 / 24
부츠 신는 법 / 26
보드복 고르는 법 / 30
장갑 · 고글 · 모자 고르는 법 / 32
편리한 액세서리 / 34
보드복 토탈 패션 / 36
내게 맞는 스탠스 알기 / 38
리프트권 구입 · 장비 렌털 · 보드 강습 활용하기 / 40

CONTENTS

PART 02
리프트를 타기 전에 / 43

보드 다루기 / 44
준비운동 / 46
앞발 바인딩 세팅 / 50
기본자세 / 52
에지 감각 익히기 / 54
넘어지는 법 / 56
앞발만 장착하고 이동하는 법 / 58
앞발만 장착하고 스케이팅 / 60
앞발만 장착하고 경사면 오르기 / 66
앞발만 장착하고 경사면 내려가기 / 68
앞발만 장착하고 직활강하다가 방향 전환 / 70
앞발만 장착하고 원하는 곳에서 정지 / 72
바인딩 세팅 / 74
앉은 자세로 방향 전환 / 76
점프로 180도 방향 전환 / 78
사이드 슬립 / 80
직활강 / 82
직활강에서의 정지 / 84

PART 03
리프트를 타자 / 89

리프트 이용 매너와 규칙 / 90
리프트 종류와 이용 방법 / 92
리프트 탑승법과 매너 / 94
리프트에서 내리는 법 / 96

PART 04
슬로프를 내려가자 / 101

펜듈럼 / 102
사선타기에서의 정지 / 106
사선타기에서의 산돌기 / 110
지그재그 타기 / 114
노즈를 경사 아래쪽으로 돌려 정지 / 118
직활강에서의 산돌기 / 122
ㄷ자 턴 / 126
슬라이드 롱 턴 / 128
카빙 롱 턴 / 130
테일 슬라이드 숏 턴 / 132
카빙 숏 턴 / 134

PART 05
다양한 슬로프를 즐기자 / 137

15도 미만 경사에서의 활강 / 138
15~25도 중간 경사에서의 활강 / 140
25도 이상 급경사에서의 활강 / 142
우회 코스 / 144
부정지 경사 활강 / 148
모굴 경사 활강 / 150
파우더 눈에서의 활강 / 154

PART 06
그라운드 트릭으로 즐기자 / 157

그라운드 트릭 / 158

스노보드는 어떤 스포츠인가?

겨울철 최고의 놀이, 스노보드!

스노보드는 서핑(Surfing)과 마찬가지로 '사이드웨이 스탠스(Sideway stance)'라고 불리는 스포츠이다. 보드를 옆으로 타는 자세로 즐기는 스포츠인 것이다. 사실 매년 스키장을 찾는 보더들에게 스노보드는 '스포츠'라기 보다는 '놀이'에 가깝다. 눈앞에 펼쳐지는 은빛 세상, 가슴속까지 파고드는 차가운 겨울 공기, 웅장한 대자연을 무대로 즐기는 스릴은 설원에서만 느낄 수 있는 짜릿한 놀이인 것이다!
스노보드를 타며 맛보는 해방감은 실제로 경험해보지 않으면 결코 느낄 수 없다. 이미 다양한 놀이 문화가 넘치는 도시에서는 만날 수 없는 '겨울철 최고의 놀이'를 여러분도 꼭 한 번 체험해보기 바란다.

스노보드는 어떤 스포츠인가?

완전한 초보자도 쉽게 턴을 배울 수 있다!

사람들이 스노보드를 배우는 계기는 무척 다양하다. 어떤 사람들은 설원을 가르며 내려오는 것이 멋있어 보여서 시작하기도 하고, 동호회에 가입해 사람들과 어울리기 위해 시작하기도 한다. 하지만 어떤 이유에서든 일단 시작하면 누구나 쉽게 배우고 즐기게 된다는 것이 스노보드의 매력이다.

물론 보드에 양발을 고정하고 균형을 잡기까지는 시간이 걸린다. 하지만 기본만 배우면 초보자도 바로 리프트를 타고 올라가 정상에서 턴을 그리며 내려올 수 있을 정도로 쉽다. 기본을 충실히 익히고 바른 자세와 함께 기본 매너를 지켜 안전하고 스릴 있게 탈 수 있도록 노력하자. 그리고 연습할수록 눈에 띄게 실력이 느는 즐거움도 느끼길 바란다.

기본적인 스노보드 용어

스노보드를 배우기 위해서는 기본적인 전문 용어를 익혀두는 것이 용이하다. 용어가 낯설면 설명을 제대로 이해하지 못하거나, 동작을 배우는 데 어려움을 겪기도 하기 때문이다. 이 책에는 주로 사용하는 보드 용어를 일러스트와 함께 해설해두었다. 보드 장비에 관한 용어, 동작과 기술을 설명하는 기본 용어는 반드시 이해하고 실전 연습에 임하자.

턴 Turn

토우사이드 턴 Toe side turn
발가락 쪽 에지를 세우고 턴하는 기술이다.

힐사이드 턴 Heel side turn
발꿈치 쪽 에지를 세우고 턴하는 기술이다.

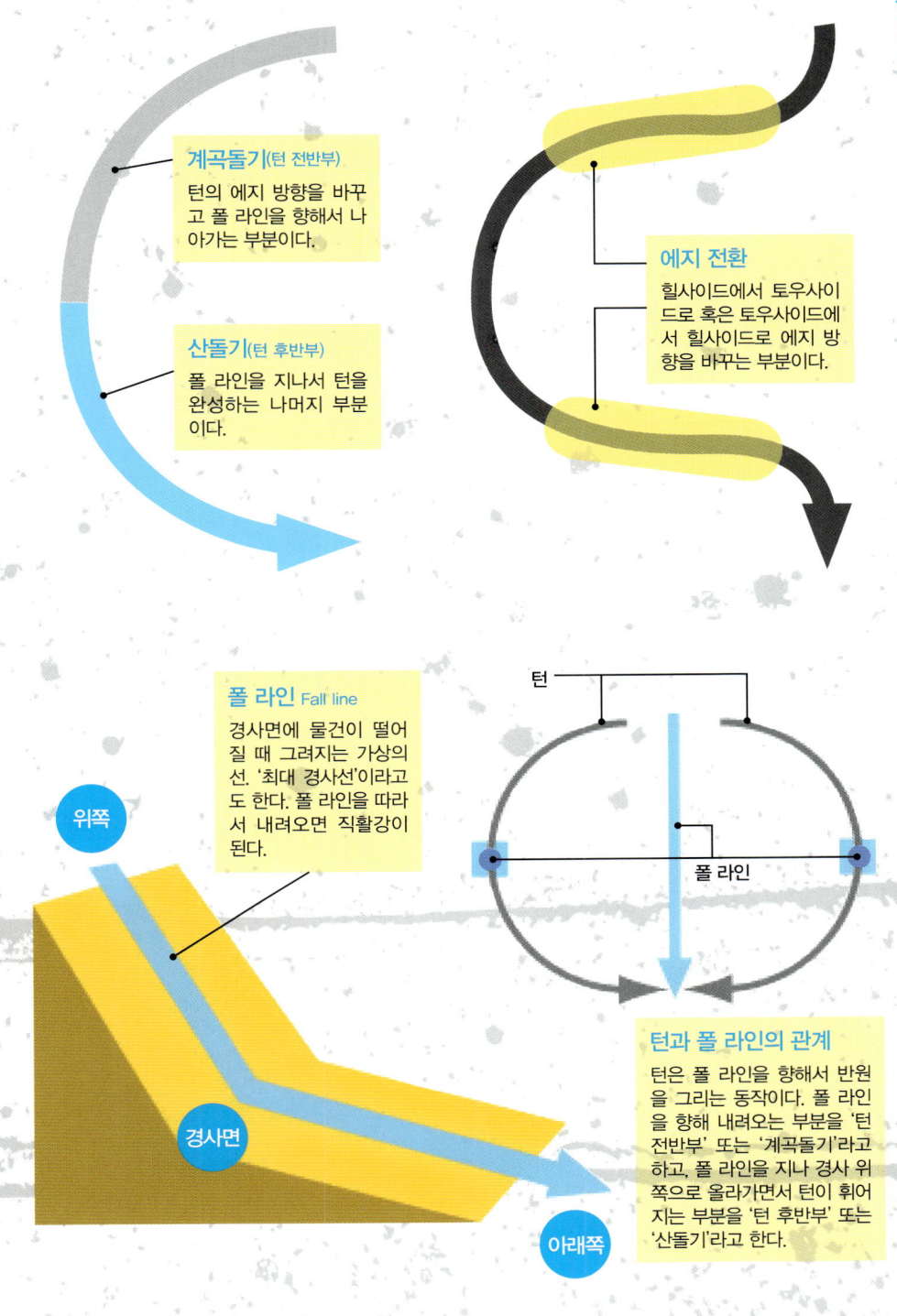

턴의 종류

롱 턴 Long turn
회전 반경이 큰 턴이다.

숏 턴 Short turn
회전 반경이 작은 턴이다.

카빙 턴 Curving turn
에지(16쪽)를 깊이 세워 마치 조각칼로 조각하듯 그리는 날카로운 턴. 보드의 움직임이 적고, 스피드가 빠르다.

드리프트 턴 Drift turn
에지를 약하게 세우고 보드의 바닥면을 이용하는 턴. 보드의 움직임이 크고 속도를 조절하기 쉽다.

스노보드 기본 용어

앞발
기본자세를 취할 때 앞쪽에 놓는 발. 축이 되는 다리를 앞발로 하는 것이 일반적이다.

뒷발
기본자세를 취할 때 뒤쪽에 놓는 발. 일상생활에서 편하게 쓰는 발을 뒷발로 놓는 것이 일반적이다.

경사 위쪽
경사면에 섰을 때 자신을 기준으로 위쪽을 말한다.

경사 아래쪽
경사면에 섰을 때 위쪽에 대해서 반대쪽을 말한다.

몸의 움직임

하중 荷重
체중으로 보드에 압력을 주는 것. 타이밍과 힘의 강약으로 보드의 휘어짐을 조절하고 턴의 크기를 바꿀 수 있다.

발중 拔重
보드를 누르던 힘을 서서히 줄이는 것.

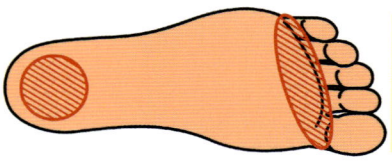

발꿈치 하중
발꿈치 전체로 보드에 압력을 주는 것.

발가락 하중
발가락과 발바닥이 연결되는 부위, 즉 발바닥 앞쪽으로 보드에 힘을 주는 것.

에징 Edging
설면 위에 보드 에지를 세워 압력을 주는 것.

역에지 Reverse edge
경사 아래쪽의 에지가 설면에 걸려 몸이 경사 아래쪽으로 넘어지는 것. 의식하고 있던 방향의 반대쪽 에지가 세워지면 갑자기 넘어지게 되어 부상의 원인이 된다. 의외로 완만한 경사면에서 역에지에 걸리기 쉽다.

에지 세우기
설면에 에지를 세우는 동작. 에지의 각도로 보드의 움직임과 턴의 폭을 조절한다.

포지션 Position
보드 위에 서는 위치. 슬로프의 상황이나 속도에 따라 전후좌우로 이동한다.

축
효율성 있게 보드에 힘을 전달하기 위한 몸의 중심축. 머리와 발바닥을 연결하는 선이 가상의 중심축이다.

중심
몸의 중심이 되는 부분으로 일반적으로 배꼽 근처를 가리킨다. 중심은 몸 전체의 균형을 잡을 때 중요하다.

로테이션 Rotation
상체나 하체를 돌리는 동작. 보드를 돌리는 회전력을 만든다.

PART 01
스키장에 출발하기 전에

스키장으로 출발하기 전!
가장 중요한 것은 스노보드를 안전하게 타기 위한 준비를
꼼꼼하게 하는 것이다. 필요한 장비와 물품을 챙기고,
장비를 바르게 착용하는 법까지 자세히 알고 출발하자!

보드 고르는 법
체중, 다리의 힘, 레벨에 맞는 적합한 보드를 고른다

자신의 체중과 보드의 단단함이 비례해야 한다

스노보드를 타는 스타일은 크게 알파인(Alpine)과 프리스타일(Free style)로 나뉘는데, 이 책에서는 프리스타일에 적합한 보드를 소개하기로 한다. 일반적으로 보드의 길이는 자신의 키보다 10~15cm 정도 작은 것이 적당하다고 알려져 있다. 하지만 이보다 중요한 조건은 체중과 보드의 견고함 간의 비례이다.

다리에 힘을 주어 보드를 휠 수 있는지가 관건인 것이다. 체중이 적게 나가거나 다리 힘이 약한 사람은 적은 힘으로도 휘어지는 부드러운 보드를 선택하고, 체중이 많이 나가거나 다리 힘이 센 사람은 상대적으로 딱딱한 보드를 고르는 것이 적합하다. 또 보드에 발을 올렸을 때 발이 미끄러지는 것을 방지해 주는 데크 패드를 붙이면 좋다.

프리스타일용 스노보드의 구조

표면

뒷면

노즈 Nose
보드의 앞쪽 끝 부분. 설면에 걸리지 않도록 위로 살짝 휘어져 있다.

에지 Edge
보드의 양쪽 측면 금속 부분. 이 부분을 눈 속에 파고들도록 세워서 턴한다.

데크 Deck
보드의 표면. 바인딩(22쪽)을 장착하는 인서트 홀(Insert hole)이 있다.

솔 Sole
눈과 닿게 되는 보드의 바닥면. 눈과 직접 접촉하는 면이므로 왁스칠 등의 유지 관리가 필요하다.

보드는 소프트한 것부터 하드한 것까지 다양하니, 자신의 체중과 다리의 힘을 고려해서 선택하도록 한다. 처음에는 무난한 길이의 보드를 고르고 점차 익숙해지면 라이딩 위주로 탈 것인지, 트릭 위주로 탈 것인지에 따라 교체해도 좋다. 라이딩 위주라면 약간 긴 것이 좋고, 트릭 위주라면 약간 짧은 것이 좋다.

테일 Tale
보드의 뒤쪽 끝 부분. 보드의 종류에 따라 모양이 다르다. 프리스타일용은 노즈 쪽보다 테일 쪽의 휘어짐이 작다.

바인딩 고르는 법
보드와 부츠를 연결하는 중요한 부품이니 신중하게 고른다

부츠와 바인딩은 일체감 있는 것이 가장 좋다

바인딩 고를 때의 포인트는 보드와 부츠의 균형이다. 딱딱한 보드에는 딱딱한 바인딩과 부츠를, 부드러운 보드에는 부드러운 바인딩과 부츠를 맞추는 것이 일반적이다. 보통 프리스타일용 보드에는 소프트 바인딩을 장착하는데, 장착했을 때 단단하게 피트감이 느껴지고 바인딩과 부츠 사이에 틈이 생기지 않는 것으로 고르도록 한다. 또 부츠와 보드가 분리되었을 때 보드가 제멋대로 미끄러지는 것을 방지하기 위해 반드시 리쉬 코드(Leash code 35쪽, 50쪽)를 장착한다.

소프트 바인딩의 구조

하이백 High back
발목의 아킬레스건에서부터 종아리까지를 지탱한다. 힐사이드 턴을 할 때는 하이백에 종아리를 기대고 그 힘을 보드로 전달한다. 적당히 강도가 있으며 각도와 높이를 조절할 수 있는 것이 좋다.

힐컵 Hill cup
부츠의 발꿈치가 닿는 바인딩의 뒷부분. 하이백과 마찬가지로 힐사이드 턴을 할 때 발꿈치로 기대는 힘을 받쳐 준다.

앵클 스트랩 Ankle strap
부츠의 발등 부분을 고정하는 스트랩. 부츠를 단단하게 고정해야 하므로 발등을 넓게 덮는 타입이 주류다.

토우 스트랩 Toe strap
부츠의 발가락 쪽을 고정하는 앞쪽 스트랩.

센터 디스크 Center disk
베이스 플레이트 가운데에 있는 둥근 부분. 이 부분에 보드와 바인딩을 연결한다.

베이스 플레이트 Base plate
바인딩의 바닥 부분. 하이백과 스트랩 같은 부속품이 달려 있다.

버클 Buckle
스트랩이 움직이지 않도록 고정하는 부분. 한 손으로 쉽게 조작할 수 있도록 고안된 래칫(Rachet 톱니 모양의 줄을 당겨서 조이는 방식) 타입이 주류다.

부츠 고르는 법
신고 벗기 편하면서 발을 확실하게 잡아 주는 부츠를 고른다

피트감을 더 원한다면 서모 이너를 고른다

스노보드 부츠는 플라스틱 재질의 단단한 하드 부츠와 가죽이나 천 재질의 부드러운 소프트 부츠가 있다. 프리스타일에는 주로 소프트 부츠를 신는데, 소프트 부츠 또한 종류가 무척 많으니, 신어보고 보드와 잘 맞으면서 신고 벗기가 편하고 발을 단단하게 고정해 주는 것을 고른다.

사이즈는 발에 딱 맞는 정 사이즈가 좋다. 만일 발과 부츠가 밀착되는 느낌을 더 원한다면 서모 이너(Thermo inner)를 추천한다. 서모 이너는 열을 가하면 자신의 발 모양으로 성형되기 때문에 라이딩을 오래 해도 발이 피로해지지 않는 장점이 있다.

소프트 부츠의 구조

이너부츠 Inner boots
발에 직접 닿는 안쪽 부츠. 겉부분과 분리되어 있다. 피트감이 있고, 보온이 잘 되며 쾌적해야 좋다. 열로 성형하는 '서모 이너'도 인기다.

텅 Tongue
토우사이드에 힘을 줄 때 정강이를 눌러 주므로 다리가 고정된다. 단단한 정도는 레벨에 따라 다르다.

아웃셸 Outer shell
발을 고정하고 다리의 힘을 보드로 전달하는 기능이 있다. 방수성이 좋으며 소재와 구조, 단단함의 정도가 다양하다.

부츠 끈 Shoelace
브랜드에 따라서 끈을 매는 방법이 다양하다.

솔 Sole
부츠의 바닥 부분. 미끄럼 방지 기능과 충격 흡수 기능 등이 있다.

인솔 Insole

실력을 향상시켜 주는 아이템인 인솔에 주목하자!

인솔은 부츠 속 깔창을 말하는데, 이너부츠와 마찬가지로 탈착이 가능하다. 발에 딱 맞는 인솔을 착용하는 것만으로도 피로감을 크게 줄이고 실력도 향상시킬 수 있으니 참고하자. 프로 라이더들은 대부분 인솔을 주문 제작하는 경우가 많다.

부츠 신는 법
'슈레이스 시스템', '보아 시스템', '일반 끈 시스템'의 부츠 끈 매는 법을 알아본다

간편하게 끈을 조절하는 부츠가 주류다

소프트 부츠는 일반적으로 끈을 조여서 피트감을 조절하게 되어 있는데, 요즘은 장치가 달려 있어 간편하게 끈을 조일 수 있는 부츠가 많다. 그중 '슈레이스 시스템'은 끈을 묶지 않고 양쪽으로 잡아당겨 조이거나 푸는 타입으로 미세한 조정이 가능하다.

끈을 자동으로 감아올리는 보아(Boa) 시스템은 손아귀의 힘이 약한 여성에게 인기가 있다. 하지만 어떤 부츠든 부츠의 끈을 단단하게 조이는 것이 가장 중요하다는 것을 잊지 말고 자신에게 편한 타입을 고르자. 그래야 안전하고 다리에 무리가 가지 않게 탈 수 있다.

슈레이스 시스템

부츠의 양쪽 끈을 위로 잡아당기면 끈이 조여지고, 옆으로 벌리면 조절 장치가 잠기는 편리한 시스템이다. 종아리 부위가 느슨해지기 쉬우므로 벨크로 벨트를 단단히 잠그자.

1 끈을 풀어서 부츠 안의 공간을 넉넉하게 확보하고 발을 넣는다.

5 끈을 옆으로 벌리면 잠긴 상태가 된다. 부츠 양옆에 있는 공간에 남은 끈을 넣어서 정리한다.

2 부츠 힐컵에 발꿈치를 맞추고 발을 바닥에 쿵쿵 구른다.

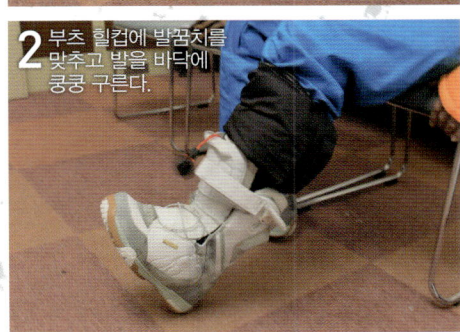

6 벨크로 벨트 잠금장치를 잠근다.

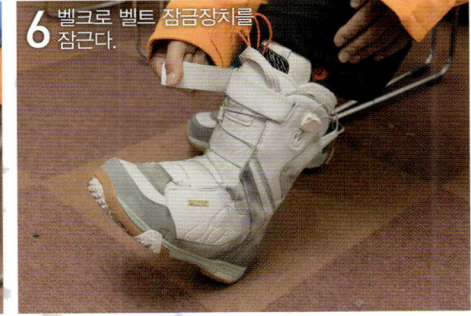

3 이너부츠의 끈을 위로 잡아당겨서 조인다.

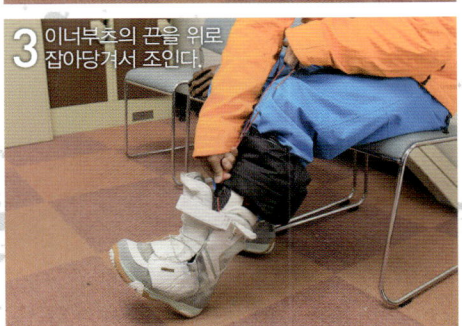

7 부츠 속으로 눈이 들어가지 않도록 바지 안감으로 부츠를 덮는다.

4 아웃셸의 양쪽 끈을 위로 잡아당겨 조인다.

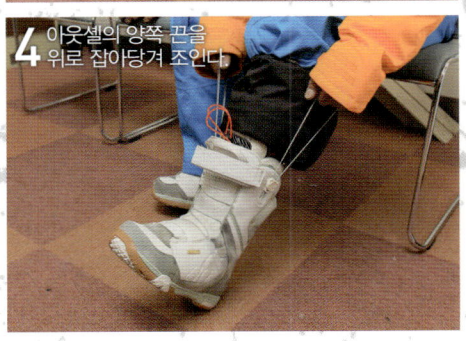

8 바짓단을 내리고 정리하면 완성.

보아 시스템

다이얼을 돌리면 끈이 자동으로 감기면서 조여지는 시스템이다. 여성이나 손힘이 약한 사람도 쉽게 끈을 조일 수 있고, 신고 벗기 편하다는 장점이 있다.

1 부츠 안의 공간을 넉넉하게 확보하고 발을 넣은 다음 바닥에 쿵쿵 구른다.

4 부츠가 발에 딱 맞을 때까지 다이얼을 돌린다.

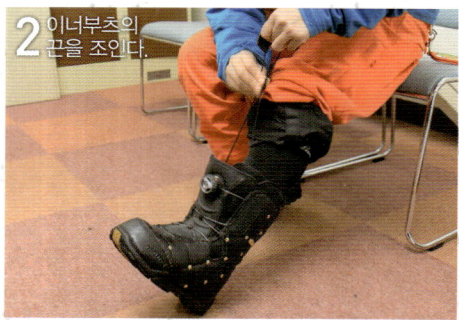

2 이너부츠의 끈을 조인다.

5 눈이 들어가지 않도록 바지 안감으로 부츠를 덮는다.

3 아웃셸의 다이얼을 누르면서 돌려 끈을 조인다.

6 바짓단을 내려서 정리하면 완성.

POINT

■ 잠그기

다이얼을 누르면서 돌리면 와이어가 감기고 부츠가 발에 맞춰진다.

■ 풀기

다이얼을 위로 잡아 당기면 잠금이 풀린다.

일반 끈 시스템

손으로 직접 끈을 잡아당겨서 묶는 타입이다. 끈을 좌우로 교차시켜 묶으면 끈이 풀리는 것을 방지할 수 있다. 하지만 아무리 단단히 묶어도 시간이 지나면 조금씩 끈이 풀리므로 종종 상태를 확인해야 한다.

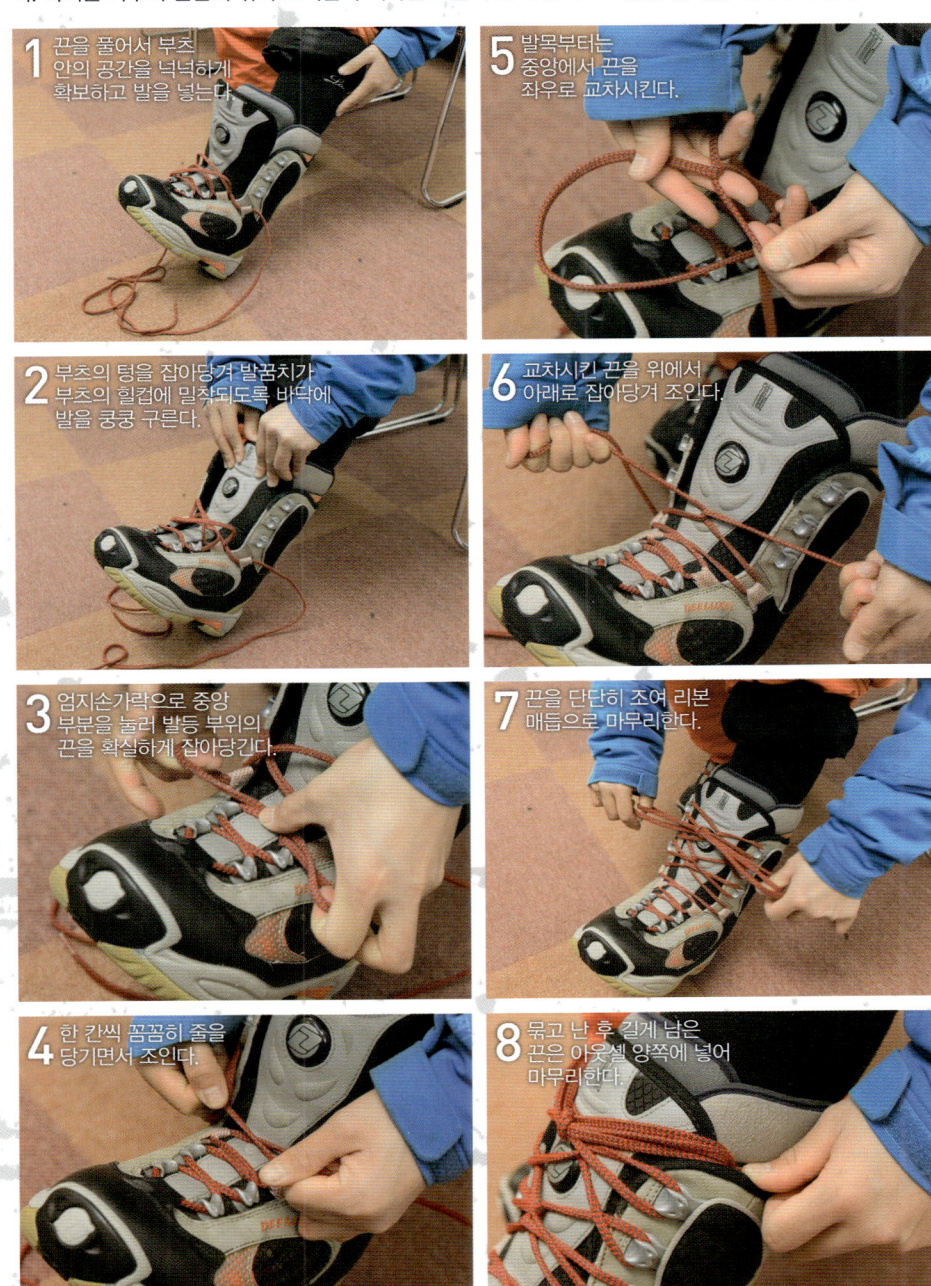

1. 끈을 풀어서 부츠 안의 공간을 넉넉하게 확보하고 발을 넣는다.
2. 부츠의 텅을 잡아당겨 발꿈치가 부츠의 힐컵에 밀착되도록 바닥에 발을 쿵쿵 구른다.
3. 엄지손가락으로 중앙 부분을 눌러 발등 부위의 끈을 확실하게 잡아당긴다.
4. 한 칸씩 꼼꼼히 줄을 당기면서 조인다.
5. 발목부터는 중앙에서 끈을 좌우로 교차시킨다.
6. 교차시킨 끈을 위에서 아래로 잡아당겨 조인다.
7. 끈을 단단히 조여 리본 매듭으로 마무리한다.
8. 묶고 난 후 길게 남은 끈은 아웃셸 양쪽에 넣어 마무리한다.

보드복 고르는 법
추위에 몸을 보호하고, 자유롭게 움직이려면 올바른 보드복 선택법과 착용법을 알아야 한다

초보자는 자주 넘어지고 땀을 많이 흘리므로 보온성과 방수성을 겸비한 고기능성 아우터를 입는 것이 좋다. 전문가와 상담하면서 자신에게 적합한 보드복을 찾아보자.

아우터에서 속옷까지 기능을 살린 옷을 입는다

보드복 착용의 기본은 겹쳐 입기다. 가장 겉에 입는 아우터는 슬로프 정상에서도 몸을 보호할 수 있는 보온성과 방수성, 통기성을 겸비한 것이 좋다. 주머니와 모자가 있어 실용적인 면도 갖춰야 한다. 중간에 겹쳐 입는 옷은 가볍고 온도 조절이 가능한 폴라플리스 소재의 옷을 추천한다.

가장 안쪽에 입는 언더웨어는 발한성, 속건성이 뛰어나고 몸에 밀착되는 것이 좋다. 특히 콤플렉션(신체 부위별로 착용 압력을 다르게 가해지도록 만든 것) 기능이 있는 속옷은 피로감을 줄이고 부상도 방지하는 장점이 있다.

아우터의 구조

후드
갑자기 내리는 눈과 비를 막을 수 있다.

주머니
많을수록 편리하고 실용적이다.

실루엣
반드시 입어보고 선택한다. 몸에 잘 맞는지를 꼼꼼하게 확인하고, 어울리는 디자인으로 고른다.

고기능성 원단
기능성 원단으로 제작된 보드복이 좋다. 보온성, 방수성은 기본이고 가로세로로 신축이 되는 원단도 편하다.

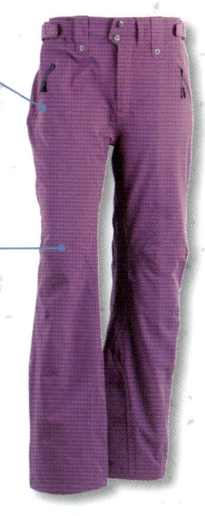

퍼스트 레이어

퍼스트 레이어(First layer)란 피부에 직접 닿는 언더웨어를 가리킨다. 요즘에는 온도 조절, 흡습속건성, 항균 방취 기능, 콜라겐 가공, 자외선과 정전기 방지 등 다양한 기능을 갖춘 제품이 많다. 그리고 콤플렉션 기능을 겸비해 피로 물질이 쌓이는 것을 막아 주거나, 몸을 서포트하는 기능이 있는 등 다양한 고기능성 언더웨어가 개발되고 있다.

미드 레이어

미드 레이어(Mid layar)란 아우터와 언더웨어 사이에 입는 옷이다. 겹쳐 입어도 불편하지 않고 가벼운 폴라플리스 재질이 좋다.

장갑 · 고글 · 모자 고르는 법

부상을 예방하고 안전하게 보드를 즐기는 데에 반드시 필요한 아이템이다

장갑 · 고글 · 모자는 안전을 고려해서 기능성을 따져 고른다

보드복과 마찬가지로 장갑과 모자, 고글도 신체 보호 기능을 최우선으로 고려해 고른다. 장갑은 초보자의 경우 손으로 눈을 짚는 일이 많으므로 방수성과 내구성이 좋은 것을 추천한다. 또 고글은 자외선으로부터 눈을 보호하는 필수 아이템이니.

좋고 시야가 넓은 것은 물론 UV 100% 차단 기능을 갖춘 렌즈가 좋다. 모자도 날씨와 상관없이 머리를 보호하는 목적으로 반드시 써야 한다. 안전성을 생각하면 두꺼운 니트 소재가 적당하고, 헬멧도 권장한다.

장갑

장갑은 보온성, 방수성, 내구성이 필요하다. 두께감이 있는 것을 고르고, 조금 더 보온성을 높이고 싶다면 장갑 속에 한 겹 더 착용하는 이너 장갑이나 장갑의 겉을 한 번 더 감싸는 셸 장갑을 준비하자.

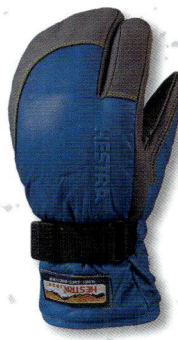

벙어리장갑이나 세 손가락 장갑은 전문가가 사용하는 것이 좋다.

초보자는 잘 넘어지므로 일반 파이프장갑이 편하다.

폭이 좁은 고글은 멋있어 보이지만, 시야가 좁다. 폭이 넓어 시야도 넓게 확보되는 것이 좋다.

고글

눈이나 자외선으로부터 눈을 보호하는 것뿐만 아니라 넘어졌을 때도 안면을 보호해 준다. 맑은 날씨, 눈 오는 날, 저녁 등 상황에 따라서 렌즈를 교체할 수 있는 것이 가장 좋다.

평면 렌즈는 시야를 뒤틀리지 않게 해 준다.

모자

넘어지거나 부딪혔을 때 부상을 방지하려면 두꺼운 니트 소재의 모자를 추천한다. 모자는 날씨와 상관없이 반드시 착용하자.

니트 소재로 되어 있는 모자는 보온성을 높여 주고 넘어졌을 때 부상의 위험을 줄여 준다. 머리에 잘 맞고 귀를 덮는 것이 좋다.

편리한 액세서리
스노보드를 즐기기 위한 편리한 소품들이다

이너부츠 케이스
이너부츠를 따로 보관할 때 사용하는 이너부츠용 방수 케이스. 운반하기 편리하도록 손잡이가 있다.

보드 커버(솔 커버)
보드를 운반할 때나 보관할 때 보드를 넣어두는 커버. 수분이 방출될 수 있도록 통기성이 좋은 폴라플리스 소재가 편리하다.

냄새 제거 파우더
이너부츠 속에 뿌려두면 냄새와 세균을 없애 준다.

스노보드용 양말
소재는 면 100%보다 흡습성과 속건성이 뛰어난 약간 두꺼운 재질이 좋다. 화려한 색상의 스노보드용 양말을 신으면 기분도 좋다.

데크 패드
보드 위에 붙여 스케이팅을 하거나 리프트에서 내릴 때 부츠가 미끄러지는 것을 방지한다. 자신의 스탠스에 맞춰서 보드의 중심보다 약간 뒤쪽에 붙인다.

파우치
소품이나 리프트권 등을 수납하는 작은 가방. 수납공간이 넓은 것이 좋다.

고글용 리프트권 홀더
리프트권을 넣어 고글 벨트에 장착하는 홀더.

장갑용 리프트권 홀더
리프트권을 넣어 장갑에 장착하는 홀더.

고글 컨테이너
고글을 넣어두는 고글 전용 하드 케이스. 고글을 상처 나지 않게 보관할 수 있다.

고글 와이퍼
고글 렌즈를 간편하게 닦을 수 있다.

리쉬 코드
앞발과 보드를 연결하는 장치. 짧은 타입은 거추장스럽지 않아서 좋지만 사용하기에 불편하다. 긴 타입은 장착하고 빼기가 쉽지만 끈이 길게 나오면 다른 곳에 걸리는 일도 있으므로 주의하자.

휴대용 재떨이
설원에서 담배꽁초를 버리는 것은 매너에 어긋나는 행동이다. 흡연자라면 반드시 휴대용 재떨이를 준비하자.

보드복 토탈 패션
보드복은 보온이 잘 되어야 하며 통기성 기능도 갖추고 있으면 좋다

모자
안전을 생각하여 두꺼운 니트 소재로 고르는 것이 좋다. 보드복과의 코디를 생각해 디자인으로 개성을 살리는 것도 좋다. 안전을 생각한다면 헬멧을 쓰자.

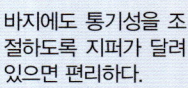

지퍼
땀이 잘 차는 곳에 지퍼를 달아 통기성을 조절할 수 있는 아우터가 좋다.

바지에도 통기성을 조절하도록 지퍼가 달려 있으면 편리하다.

파우더 스커트
넘어졌을 때 옷 속으로 눈이 들어가는 것을 막아 주는 천으로, 보드 자켓과 보드 바지에 달려 있다. 초보자에게는 필수적인 기능이다.

고글 닦개

고글 렌즈는 티슈나 손수건으로 닦으면 상처가 난다. 전용 천이나 고글 와이퍼를 사용하도록 하자. 고글 닦개가 부착된 보드복도 있다.

넥 워머

목에 한 장 두르기만 해도 보온성이 크게 높아진다. 여성의 경우 보드복에 화장품이 묻는 것을 막아 주는 기능을 겸한다.

미드 레이어

퍼스트 레이어와 아우터 사이에 입는 옷이므로 가볍고 보온성과 통기성이 뛰어난 폴라플리스 소재가 좋다. 방한성이 좋은 아우터 안에 입으면 보온 효과를 높일 수 있다.

퍼스트 레이어

언더웨어는 몸에 밀착되는 것으로 고른다. 100% 면 소재는 땀을 흡수하지만 잘 마르지 않으므로 피하는 것이 좋다. 그리고 콤플렉션 기능(30쪽)이 있으면 몸에 피로감이 줄어든다.

패스 케이스 & 고글 와이퍼

리프트권이나 돈을 보관할 수 있는 케이스와 고글 와이퍼를 편하게 휴대할 수 있는 것이 좋다. 단, 리프트에서 내릴 때 걸리지 않도록 조심하자.

내게 맞는 스탠스 알기
레귤러 스탠스와 구피 스탠스 중 어느 쪽이 맞는지 알아보자

주로 쓰는 발을 뒤쪽에, 축으로 삼는 발은 앞쪽에 놓는다

스노보드는 옆으로 서서 앞으로 나아가는 '사이드웨이 스탠스' 스포츠다. 그러므로 좌우 어느 쪽 발을 앞에 놓을지 정해야 한다. 왼발을 앞에 놓아 축으로 삼는 자세를 '레귤러(Regular) 스탠스', 오른발을 앞에 놓고 축으로 삼는 자세를 '구피(Goopy) 스탠스'라고 부른다.

뒷발은 보드를 조정하는 일을 하니 주로 쓰는 발을 놓는데, 주로 쓰는 발이란 무의식 중에 떠미렸을 때 먼저 내밀게 되는 발이다. 보통의 오른발잡이는 오른발을 보드 뒤쪽(테일 쪽)에 두고 왼발을 앞쪽(노즈 쪽)에 놓는 '레귤러 스탠스'가 된다.

앞으로 한 발 내밀어본다

똑바로 서서 자연스럽게 앞으로 한 발 내딛여보자. 이때 먼저 내미는 발이 주로 쓰는 발인 경우가 많다.

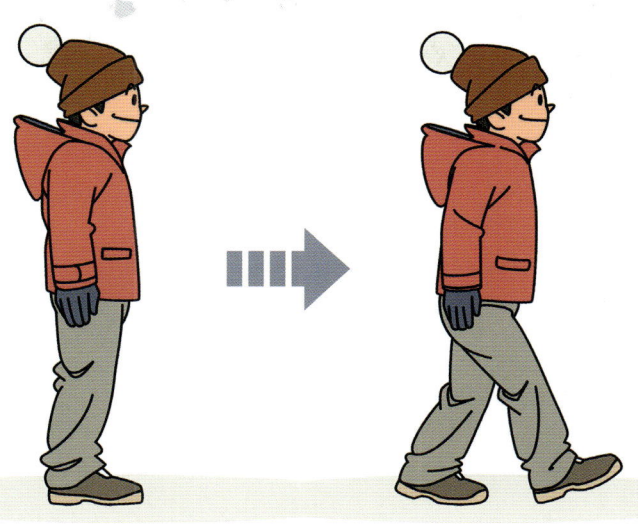

공을 차본다

의식하지 말고 공을 찬다. 공을 찰 때 먼저 내민 발이 일반적으로 주로 쓰는 발(공을 차는 발의 반대)이다. 단, 지금 소개하는 방법은 일반적인 기준에 불과하니 편하다고 느끼는 스탠스를 선택하면 된다.

리프트권 구입 · 장비 렌털 · 보드 강습 활용하기

리프트권 구입 방법, 장비를 렌털하는 방법, 쉽게 보드를 배울 수 있는 방법을 소개한다

안전하고 즐겁게 보드를 타고 싶다면 보드 강습 프로그램을 활용하자!

리프트권은 이용 기간에 따라서 종류가 다양하다. 1회만 이용 가능한 1회권, 오전부터 오후까지 사용하는 종일권, 야간에 사용하는 야간권, 또 스키 시즌 내내 사용하는 시즌권 등이 있는데, 일정에 맞춰 구입할 수 있다. 그리고 보드 장비가 없다면 스키장 내에 렌털 서비스를 이용하면 간편하게 대여할 수 있다.

단, 렌털한 장비가 너무 허름하면 스노보드를 탈 때 위험하니 꼼꼼히 따져서 고르자. 보드를 처음 타거나 초보자가 기본 기술을 안전하고 빠르게 익히고 싶다면 스키장 내에서 운영하는 강습 프로그램을 활용하는 것을 추천한다. 스노보드를 처음 타는 사람도 스노보드의 기본자세를 쉽게 배울 수 있다.

리프트권 구입하기

리프트나 곤돌라를 타려면 리프트권이 필요하다. 스키장을 얼마나 이용할 것인지를 알고, 그에 맞는 리프트권을 구입하는 것이 좋다.

리프트권은 직원에게 직접 보여 주고 타는 종이나 IC칩이 내장되어 기계에 가져다 대기만 하면 되는 타입 등이 있다.

리프트권 구입 완료!

장비 렌탈하기

대부분 스키장에서는 장비를 대여하므로 빈손으로 가더라도 보드, 부츠, 보드복 등 모든 장비를 빌릴 수 있다. 단, 보드와 부츠를 렌탈할 때는 너무 낡고 조악한 것은 빌리지 않는 것이 좋다.

허술한 장비는 오히려 실력 향상에 방해가 될뿐더러 부상의 원인이 되기도 하기 때문이다. 장비마다 꼼꼼하게 물어보고 착용해 본 뒤 자신에게 맞는 장비를 렌털하도록 하자.

스노보드 강습 활용하기

스노보드를 처음 배운다면 스키장 내에서 운영하는 보드 강습 프로그램을 활용하는 것도 좋은 방법이다. 강습을 통해 전문가에게 배우면 기본자세 뿐 아니라 안전하게 타는 방법과 추구하는 스타일에 대한 스킬도 배울 수 있다.

강습은 수준에 따라 레벨을 나누는데, 성수기에는 수강 인원이 많을 수 있다는 것을 알아두자. 좀 더 빨리 상급자가 되고 싶다면 개인 레슨을 받는 것도 좋고, 단체 레슨이라면 목표 설정, 연습 방법에 관한 다양한 조언을 듣자. 그리고 비슷한 수준의 친구를 사귈 수 있다는 장점도 있다.

COLUMN 1

스키장으로 출발하자!

장비와 보드복을 갖췄다면 스키장을 알아보자. 현재 국내의 모든 스키장은 스노보드를 허용하고 있지만 외국에는 간혹 안전을 문제로 금지하는 스키장도 있다. 외국으로 간다면 잘 알아보고 가야 한다. 그리고 초보자들에게는 완만한 경사가 많은 스키장이 좋으니 이 또한 잘 따져보고 고르도록 한다.

스키장에서 머물 기간도 정해야 한다. 당일 귀가할 거라면 집에서 가까운 스키장이 좋고, 시간적 여유가 있다면 스키장 주변의 온천과 같은 시설을 코스로 짜 다양한 즐거움을 찾는 것도 좋을 것이다.

교통편은 자가용을 이용하거나 스키장에서 운행하는 셔틀버스를 이용하는데, 가장 편리한 것은 자가용일 것이다. 하지만 스키 시즌에 종종 겪게 되는 눈길 운전은 생각보다 쉽지 않다는 것을 알아두자. 자동차는 사륜구동에 스노타이어를 갖추는 것이 기본이고, 만일의 경우를 대비해 스노체인과 삽, 스노브러시, 서리 방지제, 장화 등의 눈이 올 경우를 대비한 도구를 갖춰놓는 것이 좋다. 그리고 운전 실력에 자신이 없다면 셔틀버스를 이용하는 편이 안전하다. 자신의 상황과 일정에 맞춰 교통편을 고르자. 그리고 스키장에 갈 때는 멋도 중요하지만 보온성과 활동성을 갖춘 캐주얼한 복장이 좋다는 것을 명심하자.

PART 02
리프트를 타기 전에

준비도 없이 슬로프에 오르면 가장 괴로운 건 본인이다.
스노보드를 타고 경사를 내려가기 전에,
기본적인 기술을 익히고 올라가도록 하자.

보드 다루기
남에게 피해를 주지 않는 것이 기본이다

보드를 운반하는 모습만 봐도 실력을 알 수 있다

보드를 들고 이동하는 경우는 많다. 그냥 들고 걸으면 된다고 생각하겠지만, 사실 보드를 들고 가는 모습만 봐도 그 사람의 실력이 어느 정도인지를 알 수 있다. 보드를 잘 타는 사람일수록 장비를 소중하게 다루고, 항상 주변 사람들에게 불편을 끼치지 않으려고 조심하기 때문이다.

스키장은 사람이 많고 복잡하므로 곳곳에 예기치 못한 위험이 도사리고 있다. 그러므로 한 사람 한 사람이 모두 질서와 매너를 지키는 것이 중요하다. 보드를 들고 걸을 때 남에게 피해를 주지 않으려고 노력하고 바른 자세로 멋지게 걸어보자.

보드 드는 법

보드의 솔이 옆구리에 닿도록 끼고 한 손으로 든다

보드를 들 때는 날카로운 에지에 손을 다칠 위험이 있으므로 반드시 장갑을 끼고 바인딩의 하이백을 내린다. 그리고 보드의 솔(보드 바닥)이 몸 쪽에 오도록 겨드랑이에 낀다. 한 손으로 보드 센터의 균형을 잡고 손을 바인딩에 살짝 걸치는 느낌으로 들면 쉽다. 보드의 각도를 약간 세우면 다른 사람과 부딪히는 일이 줄고 더욱 안전하다.

리쉬 코드나 노즈 또는 테일을 끌면 주변 사람들에게 불편을 주게 되고, 보드가 미끄러져 나가 사고가 날 수 있다. 그리고 보드를 허리 뒤에 가로로 끼고 드는 방법도 지나가는 사람을 칠 수 있으므로 혼잡할 때는 피해야 한다.

보드 두는 법

보드가 미끄러지지 않도록 솔이 하늘을 바라보도록 놓는다

보드는 스토퍼 기능이 있는 부속이 없다. 따라서 경사면을 타고 보드가 미끄러지면 대형 사고가 날 수도 있으니, 바인딩의 하이백을 눕히고 솔이 하늘을 향하도록 놓아야 한다. 보드가 잘 놓였는지 확인하는 것도 잊지 말자.

솔을 아래로 향하게 놓으면 경사면에서 잘 미끄러지고, 바람이 세게 불어도 앞으로 나갈 수 있어 위험하다. 밟아서 미끄러지는 경우도 있다.

준비운동
자주 쓰는 근육을 중심으로 스트레칭해 부상을 예방한다

하반신, 손목, 어깨, 목 근육을 천천히 늘린다

어떤 운동이든 준비운동은 반드시 필요하다. 스노보드도 마찬가지다. 퍼포먼스 실력을 향상시키고 부상을 예방하려면 자주 사용하게 되는 하반신 근육을 중심으로 준비운동을 하는 것이 좋다. 그리고 넘어질 때 충격이 큰 손목과 어깨, 목 등 전신 근육도 골고루 스트레칭하자.

올바른 스트레칭 방법은 반동을 주지 않고 근육을 천천히 늘리면서 통증이 오기 직전에 멈추는 것이다. 이때 호흡은 멈추지 않고 근육의 움직임에 정신을 집중한다. 근육을 늘리는 시간은 약 5초 정도가 적당하고, 좌우 각 2회씩 반복한다.

손목 스트레칭

1 오른팔을 앞으로 쭉 뻗고 손목을 위로 90도 정도 꺾는다. 왼손으로 오른손의 손가락을 잡고 몸 쪽으로 당긴다. 왼팔도 같은 요령으로 반복한다.

2 앞으로 쭉 뻗은 오른팔의 손등을 왼손으로 감싸고 아래쪽으로 꺾어 손목 근육을 늘린다. 왼팔도 같은 요령으로 반복한다.

어깨 스트레칭

오른팔을 어깨 높이에서 왼쪽으로 뻗고 왼손으로 오른팔의 팔꿈치를 잡아 몸 쪽으로 당긴다. 이때 오른팔의 어깨가 위로 올라가지 않도록 주의한다. 방향을 바꿔 왼팔도 같은 요령으로 반복한다.

목 스트레칭

왼손으로 오른쪽 귀 윗부분을 잡고 왼쪽으로 잡아당기면서 오른쪽 목 근육을 서서히 늘린다. 반대쪽도 같은 요령으로 근육을 늘린다.

허벅지 스트레칭

허리를 낮추고 엉덩이를 살짝 뒤로 뺀 자세에서 오른발을 앞으로 쭉 내밀고 왼쪽 무릎을 살짝 구부린다. 양손을 오른쪽 무릎에 올리고 오른쪽 다리의 허벅지 뒤부터 무릎 뒤까지 근육을 늘린다. 반대쪽도 같은 요령으로 한다.

종아리 스트레칭

왼발을 앞으로 내밀고 무릎을 살짝 굽힌 다음, 무릎에 양손을 올린다. 오른쪽 다리의 발꿈치를 바닥에 지그시 누르면서 종아리 근육을 늘린다. 반대쪽도 같은 요령으로 한다.

허리와 발바닥 스트레칭

양쪽 다리를 쭉 뻗고 앉아서 양손으로 발끝을 당기고 상체는 발가락 쪽으로 늘리듯 숙인다.

무릎 스트레칭

무릎을 모아서 살짝 구부린 다음 무릎에 양손을 올리고 좌우로 가볍게 돌린다.

앞쪽 허벅지 스트레칭

오른쪽 다리의 무릎을 바닥에 대고, 왼쪽 다리의 무릎을 90도로 세운다. 체중을 뒤쪽으로 실어 엉덩이로 오른쪽 발꿈치를 눌러 앞쪽 허벅지 근육을 늘린다. 반대쪽도 같은 요령으로 반복한다.

허리 및 안쪽 허벅지 스트레칭

양발을 벌려 무릎을 살짝 굽히고 허리를 낮춘다. 양 무릎에 손을 얹고 어깨를 번갈아가며 몸 안쪽으로 비틀어 허리와 허벅지 안쪽 근육을 서서히 늘린다.

허리 스트레칭

다리를 어깨 너비로 벌리고 좌우로 상체를 비틀면서 허리부터 등까지 서서히 근육을 늘린다.

옆구리 스트레칭

어깨 너비로 다리를 벌리고 머리 위로 양손을 올려 잡는다. 상체를 좌우로 기울이면서 옆구리 근육을 서서히 늘린다. 머리를 앞으로 숙이지 않도록 주의한다.

앞발 바인딩 세팅
안전을 위해 리쉬 코드를 채우고 평평한 곳에서 장착한다

바인딩 장착법

NG!

베이스 플레이트에 눈이 남아 있으면 부츠를 단단하게 장착할 수가 없다. 틈새에 있는 눈까지 꼼꼼히 털고 부츠를 장착하자.

1 평평한 곳에 보드를 내려놓는다. 하이백을 올리고 베이스 플레이트에 묻어 있는 눈을 털어낸 다음 앞발 장착 준비를 한다.

2 바인딩의 리쉬 코드를 부츠 훅에 건다.

4 발등에 맞춰 앵클 스트랩의 길이를 조절한다.

5 힐컵에 발꿈치가 잘 들어갔는지 확인하고 앵클 스트랩을 조인다.

장비를 바르게 장착해야 실력이 향상된다

바인딩을 장착할 때 가장 주의해야 할 것은 안전이다. 기본적인 것은 보드가 미끄러지지 않도록 평평한 곳에서 준비하고, 만약의 사고를 예방하기 위해 리쉬 코드를 장착하는 것이다. 또 뒷사람의 진로를 방해하거나 타인에게 피해를 주는 것은 아닌지 주변 상황에도 신경을 써야 한다.

부딪히게 되면 부상의 위험도 크기 때문이다. 바인딩은 앞발에만 장착하고 보드에 익숙해지는 훈련부터 한 뒤, 익숙해지면 올바른 방법으로 양발 모두 장착해 실력 향상을 위해 노력하는 것이 좋다.

3 하이백과 발 사이에 공간이 생기지 않도록 힐컵에 발꿈치를 확실하게 밀착시킨다.

힐컵에 발꿈치가 밀착되지 않으면 아무리 앵클 스트랩을 조여도 피트감이 없다. 발끝을 위로 올린 상태에서 손으로 탕탕 쳐 주면 힐컵에 발꿈치를 붙이기가 쉽다.

6 마지막으로 토우 스트랩을 길이를 조절해 조인다.

7 전후좌우로 힘을 주어 발을 움직이며 발꿈치가 뜨지 않는지 확인한다.

기본자세
모든 기술은 올바른 기본자세부터 시작한다

옆에서 본 기본자세

CHECK! 자세가 나쁘면 균형이 깨진다

한쪽 어깨가 너무 올라가거나 내려오면 몸의 중심이 어긋나므로 균형을 잃어 넘어지기 쉽다.

CHECK!

보드에 똑바로 선 상태에서 발목과 무릎, 고관절을 적당히 굽히고 양발에 고르게 힘을 준다. 어깨 힘을 빼고 어깨 선과 보드가 평행이 되게 한 뒤, 양팔을 벌리면 균형 잡기가 쉽다.

어떤 방향으로도 움직일 수 있는 '중간 자세'를 익힌다

어떤 스포츠든 기본이 되는 자세가 있듯이 스노보드에도 '뉴트럴 포지션(Neutral position)'이라고 불리는 기본자세가 있다. 기본자세란 스노보드를 조정하며 상하 또는 전후좌우로 중심을 이동하거나, 몸을 비틀 때 등 어떠한 움직임에도 신속하게 대응할 수 있는 '중간 자세'를 말한다.

이 기본자세를 바르게 취하지 못하면 보드 조정이 불안정해지고 기술을 향상시킬 수 없다. 무엇보다 근육에 무리가 가고 부상을 입을 수도 있다. 스노보드의 기본자세를 배우는 것은 스노보드 타기의 기본이자 시작이다.

앞에서 본 기본자세

CHECK! 엉덩이를 뒤로 빼면 보드를 자유롭게 조정할 수 없다

발목과 무릎이 지나치게 굳어 있으면 머리를 아래로 숙이게 되고 엉덩이가 뒤로 빠지는 엉거주춤한 자세가 된다. 이 자세로는 보드를 자유롭게 움직일 수 없다.

CHECK! 상체의 방향은 앞발의 발끝이 향하는 쪽과 맞추는 것이 가장 좋다

상체와 앞발의 발끝이 향하는 쪽이 맞으면 무릎과 골반, 어깨 방향도 같아지고 자연스러운 자세가 된다. 얼굴은 진행 방향을 향하는 것이 기본이다.

에지 감각 익히기
에지 감각을 익혀
턴의 기본을 배우자

턴하는 것을 상상하면서 에지 감각을 확인하자

턴으로 경사를 내려오려면 설면에 에지를 세우는 기술이 필요하다. 기본자세를 익히고 나서 평평한 곳에서 토우사이드와 힐사이드에 하중을 주어 각각의 에지 감각을 느껴보자. 처음부터 보드를 장착하고 연습하면 균형 잡기가 어려우므로 부츠만 신은 상태로 이미지 트레이닝을 하고 익숙해지면 보드를 장착해 실제로 턴하는 것을 상상하면서 에지 감각을 확인하는 것도 좋다. 기본자세와 더불어 설면에 에지를 세우는 감각을 익혀두면 경사면에 섰을 때에도 당황하지 않는다.

평평한 곳에서 에지 감각을 익히자

보드를 장착하지 않은 상태에서 기본자세를 취해 토우사이드와 힐사이드 에지 감각을 확인하자. 체중의 이동이 너무 크면 균형이 깨지므로 기본자세를 유지한 채 발바닥으로 에지를 조작하는 요령을 익힌다.

토우사이드에 하중 주기
발목과 무릎, 고관절을 적당히 굽히고 발꿈치를 조금 들어 발바닥 앞쪽 전체에 힘을 준다. 시선은 턴을 의식하여 토우사이드 쪽으로 둔다.

기본자세
똑바로 선 상태에서 발목과 무릎, 고관절을 적당히 굽히고 양발에 균등하게 하중을 준다.

힐사이드에 하중 주기
발꿈치에 하중을 준다기보다는 발가락을 들어 올리는 느낌에 가깝다. 무릎이 펴지기 쉬우므로 허벅지의 근력을 이용하여 살짝 구부린 자세를 유지한다. 시선은 힐사이드 쪽으로 둔다.

보드를 장착하고 에지 감각을 익히자

보드를 장착하고 에지를 세워보면 실제 느낌을 더욱 잘 알 수 있다. 힐사이드 에지를 세울 때는 종아리를 바인딩의 하이백 쪽에 기대는 느낌으로 해보자. 하이백의 각도를 앞쪽으로 고정할수록 에지를 세우기 쉽다. 그러나 초보자의 경우 에지가 너무 많이 서면 오히려 보드를 조정하기가 어려우므로 하이백의 각도를 고정할 때 살짝 앞으로 기울이는 정도가 적당하다.

넘어지는 법
토우사이드와 힐사이드 어느 쪽으로든 안전하게 넘어져 부상을 방지하자

토우사이드로 넘어지는 법

머리·얼굴 얼굴을 들어 설면에 부딪히지 않도록 한다.

다리 무릎을 굽혀서 보드를 들어 보드가 예기치 못한 곳으로 미끄러지는 것을 막는다.

손·팔 넘어지는 순간 손을 앞으로 뻗어, 손목과 어깨의 부상을 방지한다.

자세를 낮추고 앞으로 슬라이딩 자세를 취한다

1 위기를 느끼면 양손을 앞으로 뻗는다.

2 무릎과 뻗은 손을 설면에 대고 머리를 든다.

3 자세를 낮추고 앞으로 슬라이딩하면서 충격을 분산시킨다.

4 무릎을 구부려 설면 위로 보드를 살짝 띄운다.

토우사이드는 슬라이딩 자세, 힐사이드는 후방 낙법 자세

스노보드를 배울 때 많이 넘어지는 것은 당연하다. 그러므로 잘 넘어지는 방법을 아는 것이 중요하다. 넘어질 때 토우사이드는 가슴부터, 힐사이드는 등부터 설면에 닿으면 부상의 위험이 적다. 보통 넘어지면 토우사이드에서는 팔이나 손목을 다치기 쉽고 힐사이드에서는 뒤통수를 부딪혀서 뇌진탕의 위험이 크다. 따라서 안전하게 넘어지는 방법은 스노보드에서 매우 중요한 기술이다. 토우사이드와 힐사이드 모두 안전하게 넘어지는 방법을 배워두자.

힐사이드로 넘어지는 법

머리 · 얼굴 뒤통수를 설면에 부딪히지 않도록 턱을 당기고 머리를 든다.

다리 등을 둥글게 말고, 다리를 들어서 보드가 미끄러지는 것을 막는다.

손 · 팔 유도의 후방 낙법처럼 좌우로 팔을 벌리고 몸통 옆쪽의 설면을 쳐 충격을 완화시켜 손목과 어깨를 보호한다.

등을 둥글게 말고 턱을 당기면서 후방 낙법 자세를 취한다

1. 넘어지려는 순간 등을 둥글게 말고 턱을 당긴다.
2. 엉덩이부터 닿도록 뒤로 누우면서 양팔을 좌우로 벌린다.
3. 양손으로 몸통 옆쪽의 설면을 친다.
4. 다리를 재빨리 들어 올리고 설면에 머리를 부딪히지 않게 조심한다.

앞발만 장착하고 이동하는 법

앞발만 보드에 장착한 채로
'제자리 걷기·걷기·방향 전환하기'를 익힌다

앞발을 발바닥 전체로 설면을 누르는 느낌으로 디딘다

보드에 앞발을 장착하면 보드와 발이 붙어 있는 느낌에 익숙해지는 시간이 필요하다. 제자리 걷기, 걷기, 방향 전환 등을 연습해 보드에 발이 장착된 느낌을 익히자. 그리고 보드의 무게나 바닥에서 미끄러지는 느낌에 익숙해지면 다른 기술을 배울 때에도 도움이 된다. 처음에는 보드에 장착한 앞발이 익숙지 않아 균형을 잡기 어렵지만 발바닥 전체로 설면을 누른다는 느낌으로 균형을 잡으면 되니 걱정하지 말자. 균형을 잡으면 몸 전체에 요령이 생긴다.

걷기

1 평상시 걷는 것처럼 앞발을 한 발 내민다.

2 앞발이 미끄러져 나가지 않도록 조심한다.

3 이어 뒷발을 앞으로 내딛는다.

방향 전환하기

1 앞발을 보드에 장착하고 똑바로 선다.

2 뒷발은 방향 전환을 원하는 쪽으로 돌린다.

3 뒷발이 향하는 쪽으로 상체를 돌린다.

제자리 걷기

1 보드에 장착한 앞발을 위로 들어 보드의 무게를 체감한다.

2 앞발을 내리고 양발에 같은 하중을 준다.

3 뒷발을 들고 보드가 미끄러지지 않도록 조심하면서 발바닥 전체로 설면을 누른다.

4 앞발을 들어 올린다. 테일이 설면에 닿아 있어도 괜찮다.

5 보드의 노즈를 진행 방향 쪽으로 두면 걷기 쉽다.

4 뒷발을 축으로 고정하고 앞발을 들어 보드를 돌린다.

5 방향 전환 완료.

앞발만 장착하고 스케이팅
눈 위에서 뒷발로 설면을 차듯이 나아간다

앞발에 체중을 싣고 축으로 이용한다
스케이팅의 기본자세는 뒷발로 설면을 차고, 앞발을 이용하여 앞으로 나아가는 것이다.

보드의 노즈를 진행 방향에 둔다
보드의 노즈를 진행 방향으로 놓고 상체도 같은 쪽을 바라본다. 앞발의 무릎을 의식적으로 살짝 안쪽으로 비튼다.

앞발만 사용해서 앞으로 나아가며 균형 감각을 익힌다

스노보드는 양발 모두 장착하기 때문에 평지에서 이동하려면 보드에 앞발만 장착하고 뒷발로 눈을 차듯이 스케이팅하면서 나아가야 한다. 그리고 스케이팅은 리프트를 타고 내릴 때 자주 사용하는 테크닉인데다가, 보드를 조정하는 감각 키우기에도 도움이 되므로 고난이도의 기술도 구사하고 싶다면 반드시 익혀야 한다. 스케이팅에서 가장 중요한 것은 앞발을 축으로 사용한다는 점이다. 앞발에 체중을 실어 몸을 지탱하고 보드를 움직이다 보면 자연스럽게 균형 감각도 좋아질 것이다.

무게중심이 뒤에 있다
자세가 뒤쪽으로 기울면 보드를 조절할 수 없다. 앞발이 축으로써의 역할을 하지 못하게 되어 보드가 앞으로 미끄러져 나가고 동시에 몸이 더 뒤로 빠지게 된다.

보드가 진행 방향을 가리키고 있지 않다
보드의 노즈가 진행 방향을 향하지 않으면, 뒷발로 설면을 차도 원하는 방향으로 갈 수 없다. 게다가 앞발이 축으로써의 역할도 하지 못하게 돼 불필요한 힘이 들어가게 된다.

뒷발 바인딩의 하이백이 세워져 있다
스케이팅할 때는 뒷발 바인딩의 하이백을 눕힌다. 하이백이 세워져 있으면 뒤로 넘어졌을 때 하이백에 찔려 다칠 수 있기 때문이다.

토우사이드 쪽 차기 / 힐사이드 쪽 차기

토우사이드 쪽을 차는 스케이팅

1 토우사이드 쪽 설면을 뒷발로 찬다.

2 앞발에 체중을 실어 축으로 삼는다.

3 상체는 보드의 노즈와 같은 방향을 향한다.

힐사이드 쪽을 차는 스케이팅

1 힐사이드 쪽 설면을 뒷발로 찬다.

2 앞발에 체중을 실어 축으로 삼는다.

3 상체는 보드의 노즈와 같은 방향을 향한다.

토우사이드 쪽 설면을 뒷발로 차면서 그 추진력으로 앞으로 나아가는 방법이다. 몸이 보드보다 뒤로 빠지지 않도록 앞발을 축으로 사용하고, 또 뒤쪽을 차면 보드가 몸보다 먼저 앞으로 나가기 쉬우므로 앞발보다 조금 앞쪽을 차는 것이 핵심이다.

4 뒷발로 앞발보다 조금 앞쪽의 보드 옆 설면을 찬다.

5 앞발의 발바닥 전체에 하중을 준다.

6 앞발 허벅지를 약간 안쪽으로 비트는 느낌을 가진다.

상체를 턴 방향(슬로프 아래쪽)으로 돌리면서 내려오면 보드가 따라온다. 허리를 낮추면 발꿈치 쪽 에지가 세워지면서 제동이 걸린다.

4 앞발의 발바닥 전체에 하중을 준다.

5 뒷발로 앞발 근처의 설면을 찬다.

6 부자연스러운 자세가 되기 쉬우므로 균형을 잘 잡는다.

보드에 뒷발 올리고 스케이팅

뒷발 올리고 진행하기

1 뒷발로 토우사이드 쪽을 강하게 찬다.

2 앞발에 체중을 확실히 싣는다.

3 앞발을 축으로 삼아 균형을 잡고 보드 위에 뒷발을 놓아 올라선다.

POINT

힐사이드 쪽을 차는 스케이팅에도 도전하자!

스케이팅은 뒷발로 토우사이드 쪽을 차는 것이 일반적이지만 힐사이드 에지가 걸리는 경사면에서는 힐사이드 쪽을 차는 편이 쉽다. 두 가지 방법을 모두 연습하고, 경사면의 상태에 따라 방법을 선택하자.

스케이팅에 익숙해지면 뒷발로 설면을 최대한 강하게 차면서 속도를 내보자. 그리고 뒷발을 두 바인딩 사이에 올리고, 앞발에 체중을 확실하게 실어서 축으로 삼아 보드 위에 똑바로 올라선다. 이동하기 편해질 뿐 아니라 보딩 감각을 체감하기에도 좋다.

4 바인딩 사이의 공간을 뒷발로 딛는다.

5 속도가 줄어들 때까지 그대로 자세를 유지하며 미끄러져 나간다.

뒷발은 뒤쪽 바인딩과 가까운 쪽에 둔다

뒷발은 뒤쪽 바인딩 안쪽에 둔다. 양발의 스탠스가 약간 넓어지므로 균형을 잡기가 쉬워진다. 데크 패드를 붙였으면 패드 위에 발을 올려도 좋다.

뒷발로 뒤쪽 바인딩을 밟으면 균형을 잃고 넘어지거나 바인딩이 망가질 수 있다.

앞발만 장착하고 경사면 오르기
앞발로 보드를 들어 올려 경사면을 올라간다

앞발만 장착하고 경사면 올라가기

1 오르막 경사 쪽을 정면으로 바라보고 보드를 수평으로 놓는다. 무릎을 구부려 앞발에 토우사이드 에지를 세운다.

2 앞발을 지지대 삼아 뒷발을 먼저 한 발 내디딘다.

3 뒷발로 체중을 옮기면서 바로 앞발을 들어 올릴 준비를 한다.

발목과 무릎을 유연하게 사용하므로 준비운동으로도 좋다

스키장에는 평지와 경사면이 골고루 있다. 이때 스케이팅을 할 수 없는 오르막을 맞닥뜨리면 초보자는 당황하기 마련이다. 하지만 짧은 거리라면, 보드를 들지 말고 앞발만 보드에 장착한 채로 올라가보자. 포인트는 앞발로 확실하게 보드를 들어 올리는 것이다.

서두르지 말고 한 발 한 발 정확하게 보드를 들어 움직이자. 발목과 무릎을 유연하게 사용하므로 보드 감각을 익히기 좋다는 장점이 있고 준비운동과도 같은 효과가 있다.

4 앞발의 발목과 무릎을 구부려 보드 전체를 들어 올린다.

5 뒷발의 발꿈치 가까이에 보드를 내리고 토우사이드 에지를 세워 보드가 미끄러지지 않게 한다.

> **POINT**
>
> **발목과 무릎을 굽혀 보드를 들어 올린다**
>
> 보드가 한쪽으로 기울어져 있으면 하중을 주는 순간 미끄러진다. 그러므로 앞발의 발목과 무릎을 확실하게 구부려서 보드를 정확히 위로 들어 올렸다가 내리자. 토우사이드 에지를 세우는 것이 중요하다.

앞발만 장착하고 경사면 내려가기
사이드 슬립으로 안전하게 경사면을 내려가는 감각을 익힌다

힐사이드 사이드 슬립

보드에 앞발을 장착하고 뒷발은 바인딩 옆에 둔다. 몸은 경사 아래쪽 정면을 향하고, 보드를 경사 방향에 대해 가로로 놓는다. 양발에 균등하게 하중을 주고 보드 위에 선 뒤, 무릎을 굽혔다 폈다를 반복하여 힐사이드 에지를 조절하며 내려간다.

무릎을 펴면 에지가 작아지면서 속도가 빨라지고, 무릎을 굽히면서 발가락을 들면 힐사이드 에지가 세워지면서 속도가 떨어진다. 시선은 경사와 평행하게 먼 곳을 바라보고 몸은 언제나 보드 위에 똑바로 서 있도록 균형을 잡는 것이 중요하다.

TECHNIC

뒷발의 발꿈치로 브레이크를 잡는다

속도가 너무 빠르다고 느낄 때는 보드에 올린 뒷발을 설면으로 내리면서 발꿈치를 대 브레이크를 건다. 속도 조절이 가능해진다.

에지의 각도를 세웠다 풀었다 하면서 속도를 조절한다

'사이드 슬립'이란 사선타기를 말한다. 경사를 사선으로 타고 내려가는 기술로 경사 방향에 보드를 수평으로 놓고 에지의 강약을 조절하면서 내려간다. 완만한 경사에서는 물론이고 가파른 경사를 내려갈 때에도 유용하게 사용할 수 있다.

사이드 슬립의 종류에는 발가락 쪽 에지를 사용하는 '토우사이드'와 발꿈치 쪽 에지를 사용하는 '힐사이드' 2가지가 있다. 앞발만 장착했을 때는 각 사이드에서 뒷발 발꿈치와 발끝을 설면에 대면서 균형을 잡는다.

토우사이드 사이드 슬립

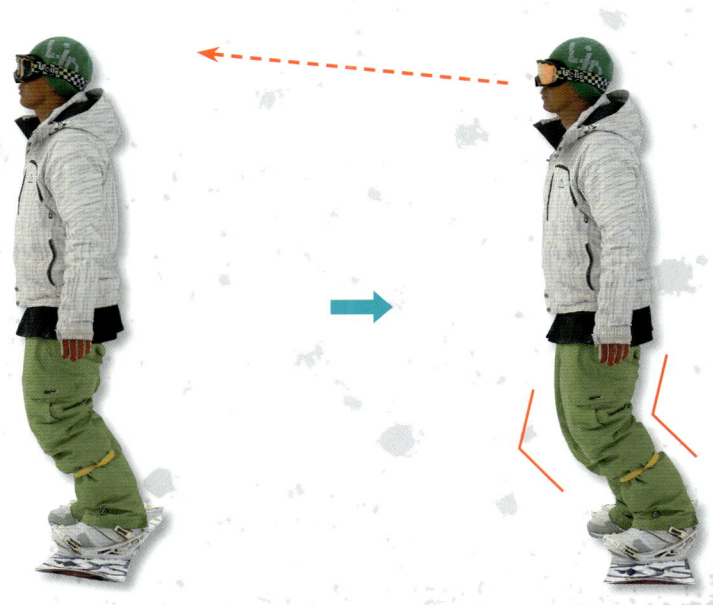

보드에 앞발만 장착하고 뒷발은 바인딩 옆에 올려놓는다. 몸은 경사 위쪽을 향하고 보드를 경사 방향에 대해 가로로 놓는다. 주변을 잘 살핀 다음 보드 중앙에 하중을 주면서 발가락 쪽 에지를 조절하면서 내려간다.

발목과 무릎을 적당히 굽히고 발끝에 하중을 주면 발가락 쪽 에지가 세워지면서 속도가 떨어진다. 시선은 먼 곳을 바라본다. 에지의 미묘한 조절은 54쪽에서 소개한 에지의 감각을 떠올려보자.

TECHNIC

뒷발의 발끝으로 브레이크를 잡는다

토우사이드 사이드 슬립은 등을 돌리고 내려오므로 진행 방향이 보이지 않아 두려움을 느끼기 쉽다. 위험을 느낀다면 보드에서 뒷발의 발끝을 앞으로 내면서 브레이크를 잡는다.

앞발만 장착하고 직활강하다가 방향 전환
직활강으로 경사를 내려가며 산돌기한다

힐사이드 산돌기

1 보드에 앞발을 장착하고 노즈를 경사 아래쪽으로 향하게 한다.

2 뒷발을 바인딩 옆에 올려놓고 기본자세를 취한 다음 양발에 균등하게 하중을 준다.

POINT
시선은 가고 싶은 방향을 향한다
직활강 연습은 속도가 지나치게 빨라지지 않을 정도의 완만한 경사에서 연습하자. 이 단계에서는 아직 정교한 기술에 집착하지 말고, 가고 싶은 방향으로 시선을 돌리면 몸과 보드가 따라가는 느낌을 익히는 것이 중요하다.

3 시선은 경사 아래쪽에 두고 몸을 진행 방향으로 비틀어 몸과 보드의 방향을 서서히 바꾼다.

4 발목과 무릎을 굽히고 힐사이드 에지를 세운다.

5 시선이 경사 위쪽을 향했을 때, 에지를 풀면서 양발에 균등하게 하중을 주면 산돌기가 완성된다.

턴 후반부의 산돌기에서 속도를 조절한다

리프트에서 내릴 때는 보드를 타고 똑바로 가다가 멈추는 기술이 필요하다. 그러나 초보자가 갑자기 에지를 세우고 보드를 멈추기란 쉽지 않다. 우선 산돌기를 연습해 서서히 멈추는 방법을 익히자. 턴의 후반부인 산돌기에서 경사를 위로 거슬러 올라가듯 보드를 타면 스피드를 조절할 수 있다. 기본자세를 유지하고 양발에 확실하게 하중을 실어 가고 싶은 방향으로 시선을 돌리면 보드가 따라온다. 몸과 보드가 함께 움직이는 느낌을 알면 어려운 턴 연습에도 도움이 된다.

토우사이드 산돌기

> **POINT**
> **경사 위쪽을 바라보면 보드가 저절로 멈춘다**
> 최대한 기본자세를 유지하면서 시선만 경사 위쪽으로 돌려도 보드는 자연스럽게 턴을 멈춘다. 토우사이드는 상체가 턴 안쪽으로 넘어지기 쉬우므로 발목과 무릎을 굽히고 균형을 잘 잡아야 한다.

1 보드에 앞발을 장착하고 뒷발을 바인딩 옆에 올려 기본자세를 취한다.

2 양발에 균등하게 하중을 주면서 똑바로 내려간다. 시선은 경사 위쪽을 향한다.

3 시선을 가고자 하는 방향에 두어 몸과 보드의 방향을 바꾼다.

4 발목과 무릎을 구부려서 발가락 쪽에 하중을 준다.

5 시선이 경사 위쪽을 향하면 속도가 줄면서 턴이 멈춘다.

앞발만 장착하고 원하는 곳에서 정지
직활강으로 내려가다가 원하는 곳에서 멈춘다

힐사이드로 멈추기

1 보드에 앞발만 장착한 상태로 경사면에 대해 수직으로 선다.

2 뒷발을 바인딩 옆에 올려놓고 직활강으로 내려간다.

3 옆쪽(레귤러에게는 왼쪽)을 바라보면 몸과 보드가 회전을 시작한다.

토우사이드로 멈추기

1 보드에 앞발만 장착하고 뒷발은 바인딩 옆에 올린다.

2 경사 방향에 대해 수직으로 서서 직활강으로 내려간다.

3 시선을 경사 위쪽으로 돌리면 발가락 쪽 에지가 세워진다.

지정된 장소에서 멈출 수 있으면
리프트에서도 안전하게 내릴 수 있다

보드에 앞발만 장착한 상태로 오를 수 있는 아주 완만한 경사에서 연습하자. 목표는 정해진 장소에서 확실하게 멈추는 것이다. 이 기술을 익히면 리프트에서 안전하게 내려 정지할 수 있다. '앞발만 장착하고 경사면 내려가기(68쪽)'와 '앞발만 장착하고 직활강하다가 방향 전환(70쪽)'을 떠올려보자. 직활강하다가 가고 싶은 쪽으로 시선을 향하면 몸과 보드가 따라간다. 그리고 사이드 슬립을 하는 요령으로 에지를 조절하면서 멈춘다. 익숙해질 때까지는 뒤쪽 발의 발꿈치나 발끝을 설면에 대고 브레이크를 걸어도 좋다.

4 등을 살짝 구부리면서 발목과 무릎을 굽히고 뒷발의 발꿈치 쪽에 지그시 하중을 준다.

5 양팔로 균형을 잡으면서 힐사이드 에지를 세우고 멈춘다.

POINT
숨을 뱉으면서 아랫배에 힘을 주면 등이 둥글게 말린다
등을 자연스럽게 구부리면 힐사이드 에지를 조절하기 쉽고 몸 전체의 균형도 잡기 쉽다.

4 등을 곧게 펴고 발목과 무릎을 굽히면서 발가락 쪽에 하중을 준다.

5 부츠의 텅을 정강이로 누르면 토우사이드 에지가 세워져 보드가 멈춘다.

POINT
등을 펴서 몸을 세우면 균형 잡기가 쉽다
힐사이드와는 반대로 토우사이드에서는 머리를 들고 등을 곧게 편다. 발목과 무릎을 굽히면 에지의 각도를 조절하기가 쉽다.

바인딩 세팅
경사면을 이용해 보드에 양발을 장착하자

앞발 장착하기

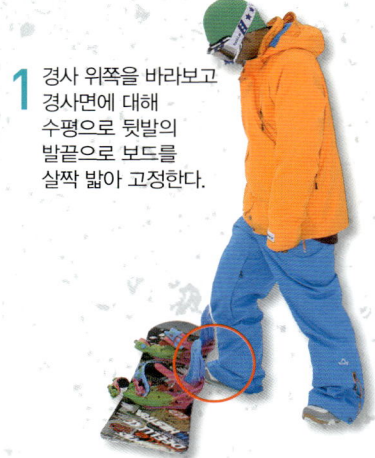

1 경사 위쪽을 바라보고 경사면에 대해 수평으로 뒷발의 발끝으로 보드를 살짝 밟아 고정한다.

2 리쉬 코드를 연결해 보드에 앞발을 장착할 준비를 한다.

TECHNIC

리쉬 코드를 연결한다

경사면에서 보드가 제멋대로 미끄러지면, 최악의 상황에는 타인에게 부상을 입히는 사고를 일으킬 수 있다. 따라서 무엇보다 안전을 최우선으로 여겨 반드시 리쉬 코드부터 연결하자.

뒷발 장착하기

1 보드가 미끄러지지 않도록 뒷발에 체중을 싣고 경사 위쪽을 바라보고 선다.

2 뒷발을 보드 앞으로 한 발 내딛고 회전축으로 삼는다.

3 뒷발을 축으로 하여 보드를 장착한 앞발을 힘차게 돌린다.

4 회전하는 보드를 따라 몸도 180도 돌려 경사 아래쪽을 바라보고 선다.

경사면에서 보드가 제멋대로 미끄러지면 위험하니 반드시 기본 순서를 지키자

슬로프의 상황에 따라 경사면에서 바인딩을 장착해야 할 때도 있다. 이때 가장 조심해야 할 사항은 보드가 홀로 경사 아래로 미끄러져 내려가지 않게 하는 것이다. 뒷발의 발끝으로 보드를 살짝 밟아 고정하거나 리쉬 코드를 연결하는 등 보드를 유실하지 않게끔 기본 순서를 반드시 지키자.

경사면에서는 일반적으로 앞발은 경사의 위쪽을 향하고 서 있는 상태로, 뒷발은 180도 방향을 전환해 경사 아래를 향하고 앉아서 장착한다. 장착이 끝나고 일어날 때에 보드가 미끄러지지 않도록 설면에 힐사이드 에지를 깊이 세우는 것(글립)도 중요하다.

3 부츠 힐컵에 뒤꿈치를 밀착한 다음, 앵클 스트랩을 조인다.

4 토우 스트랩을 조인다.

5 몸은 경사 아래쪽을 향하고 보드는 경사 방향에 대해 수평이 된다.

6 뒷발을 보드 뒤쪽으로 옮기고 보드를 들어 힐사이드 에지를 세운다.

POINT
힐사이드 에지를 세워서 점프 디딤대로 사용한다

보드에 양발을 장착했으면 한 손으로 눈을 짚고 보드 쪽으로 몸을 당기듯 일어나 보드 위에 선다. 이때 힐사이드 에지를 세우면 일어서기가 쉽다.

7 경사 아래쪽을 바라보고 앉아서 앞발과 같은 요령으로 뒷발을 장착한다.

앉은 자세로 방향 전환
경사면에 앉은 상태에서 뒹굴면서 몸을 비틀어 방향을 바꾼다

힐사이드에서 토우사이드로 방향 전환

1 경사 아래쪽을 바라보고 앉는다.

2 무릎을 살짝 구부려서 보드를 몸 쪽으로 기울인다.

3 테일을 축으로 살짝 고정하고 원하는 방향으로 상체를 돌려 경사 위쪽을 바라보고 엎드린다.

토우사이드에서 힐사이드로 방향 전환

1 경사 위쪽을 향해 무릎을 굽히고 엎드린 자세를 취한다.

2 무릎을 구부려 보드를 위쪽으로 살짝 들어 올린다.

3 테일을 지렛대 삼아 원하는 방향으로 상체를 돌린다.

턴에 익숙지 않은 초보자는 방향 전환을 반복하며 내려온다

스노보드는 좌우로 힐사이드 턴과 토우사이드 턴을 반복하면서 내려오는데, 턴에 익숙지 않은 초보자라면 우선 힐사이드로 코스 한쪽 가장자리까지 내려와, 바인딩을 풀지 않고 방향 전환을 하여 토우사이드로 내려오는 기술이 필요하다.

바인딩을 풀지 않고 앉은 자세에서 상체를 돌려 방향을 바꾸는 연습부터 하자. 노즈나 테일이 설면에 걸리지 않도록 연습을 반복하면서 요령을 익히면 된다.

4 상체를 돌릴 때 생기는 힘을 이용해 보드도 돌린다.

5 보드에 에지가 걸리지 않게 다리를 약간 들어서 회전한다.

6 보드를 경사면에 대해 수평으로 놓고 상체를 일으켜 앉는다.

4 보드를 경사면과 90도가 되도록 놓고 상체를 일으켜 앉는다.

TECHNIC
근력이 약한 사람은 두 손으로 무릎을 받치자

다리의 힘이 약해서 보드를 들어 올리기가 어렵다면 두 손으로 무릎 뒤를 받치고 돌리자. 한결 쉽게 방향을 바꿀 수 있다.

점프로 180도 방향 전환
경사면에 선 상태에서 점프로 방향을 전환한다

힐사이드에서 토우사이드로 방향 전환

1 보드를 수평으로 놓고 경사 아래쪽을 바라보고 선다.

2 발가락을 몸 쪽으로 당겨서 힐사이드 에지를 세우고 발목과 무릎을 살짝 구부린다.

3 위로 점프하면서 상체를 뒤쪽(경사 위쪽)으로 돌린다.

토우사이드에서 힐사이드로 방향 전환

1 보드를 수평으로 놓고 경사 위쪽을 바라보고 선다.

2 토우사이드 에지를 세우고 발목과 무릎을 살짝 구부린다.

3 위로 점프하면서 상체를 뒤쪽(경사 아래쪽)으로 돌린다.

경사 위쪽 에지를 세워 점프를 위한 디딤대로 사용한다

보드에 익숙해지면 점프로 방향을 180도 돌리는 방법도 익히자. 요령은 경사 위쪽 에지를 세워서 점프 디딤대로 이용하는 것이다. 점프와 동시에 가려는 방향으로 상체를 돌리고, 이때 생긴 힘을 이용하여 하반신과 보드를 돌리면 된다.

그리고 착지 시에는 다시 경사 위쪽 에지를 깊이 세우고 경사면과 수평이 되게 해야 한다. 그렇지 않으면 미끄러지기 쉽다.

4 상체를 돌리면서 생긴 힘을 이용해 보드도 회전시킨다.

5 180도 회전해서 경사 위쪽을 바라보며 착지하고, 토우사이드 에지를 세운다.

POINT
경사 위쪽 에지를 세우고 점프한다
보드의 바인딩을 풀지 않고 경사면에서 점프하려면 경사 위쪽 에지를 단단히 세우고 점프 디딤대로 이용해야 한다. 착지할 때도 경사 위쪽 에지를 깊이 세워서 보드가 미끄러지지 않게 주의한다.

4 상체를 돌리면서 생긴 힘을 이용해 보드를 회전시킨다.

5 180도 회전해서 경사 아래쪽을 바라보며 착지하고, 힐사이드 에지를 세운다.

POINT
우회전과 좌회전 중에 편한 방향을 선택하라
사진은 우회전으로 돌고 있지만 보드는 보통 테일 쪽이 짧다. 그래서 회전할 때 보드가 설면에 비교적 덜 걸리는 좌회전이 편하다. 하지만 사람마다 점프하기 편한 방향이 다르므로 연습 때 편한 방향으로 도는 것이 좋다.

사이드 슬립
양발에 균등하게 하중을 주고
사이드 슬립으로 슬로프를 내려간다

힐사이드 사이드 슬립

1 경사면에 대해 보드를 수평으로 놓고 경사 아래쪽을 바라보고 선다.

2 시선을 경사 아래쪽에 두고, 양팔을 벌려 균형을 잡는다.

3 아랫배에 힘을 주고 등을 살짝 구부린다. 발목과 무릎, 고관절을 살짝 굽히면서 힐사이드 에지를 세운다.

CHECK! 양발에 균등하게 하중을 주고 보드 위에 똑바로 선 상태로 힐사이드 에지를 조절하며 내려온다

POINT
발가락을 들어 올리고
하이백에 종아리를 기댄다

아랫배에 힘을 주어 등을 살짝 굽히면서 발목과 무릎, 고관절을 구부릴 때 발가락을 들어 올리는 느낌으로 힐사이드 에지를 세운다. 하이백에 종아리를 기대면서 발꿈치에 하중을 주면 된다.

양발에 균등하게 하중을 주고 보드 가운데에 선다

양발을 모두 장착하고 내려가는 사이드 슬립은 한 쪽 발로만 균형을 잡는 것보다 균형을 잡기 쉽다. 사이드 슬립을 배우면 어떤 경사에서든지 속도를 조절하면서 안전하게 내려올 수 있으니 꼭 익혀두기로 하자.

토우사이드 사이드 슬립의 경우는 진행 방향이 보이지 않아서 초보자에게는 어렵게 느껴진다. 하지만 힐사이드든 토우사이드든 양발에 같은 하중을 주고 섬세하게 에지를 조작하고 균형을 잡는 것에 집중해야 한다.

토우사이드 사이드 슬립

몸은 경사 위쪽을 바라보고 보드는 경사 방향에 대해 수평으로 놓는다. 발목과 무릎을 적당히 굽히고 토우사이드 에지를 조정하면서 내려온다.

CHECK! 양발에 균등하게 하중을 주고 시선은 계속 경사 위쪽에 둔다

POINT
정강이로 텅을 누른다
정강이로 부츠의 텅을 누르면 자연스럽게 하중이 발끝으로 옮겨가므로 역에지가 될 위험이 줄어든다.

TECHNIC
익숙해지면 몸을 비틀어 진행 방향 (경사 아래쪽)을 보면서 내려가자

상체를 경사 아래쪽을 향해 비틀면 체중이 앞발에 쏠려서 노즈 쪽으로 미끄러지기가 쉽다. 그러므로 뒷발에 하중을 주어 균형을 잡는 것이 포인트다.

직활강
경사를 똑바로 내려가는 기본 기술이다

TECHNIC

속도와 자세가 잘 맞는지 확인하라

속도가 빨라지면 몸이 보드보다 뒤로 빠지거나 상체가 열려서 정면을 바라보게 된다. 너무 겁내지 말고 보드의 중앙에 서는 기본자세를 유지하자.

1 경사 방향과 보드를 평행하게 놓고, 시선은 진행 방향을 바라보며 기본자세를 취한다.

POINT

보드 중앙에 서서 평평하게 탄다

몸을 보드 중앙에 두고 에지가 아닌 발바닥 전체로 보드를 타고 내려간다는 느낌을 의식한다. 발목과 무릎, 고관절을 살짝 구부린 상태에서 양팔을 벌리면 균형을 잡기가 쉽다.

항상 기본자세를 의식하며 일직선으로 경사를 내려온다

경사를 똑바로 내려가는 직활강은 스노보드에서 구사하는 모든 기술의 기본이다. 에지를 세우지 않고 내려가는 자세이므로 속도를 조절할 수가 없으니 최대한 완만한 경사에서 연습한다. 똑바로 내려가는 기술이라 쉽게 생각할 수 있지만, 의외로 균형을 잡기 힘들다는 것을 명심하자.

체중이 발꿈치 또는 발가락 쪽으로 쏠려서 보드가 회전하거나 무게중심이 뒤로 빠져서 균형이 깨지기도 한다. 발바닥 전체로 설면을 누른다는 느낌으로 두 발의 스탠스 중심에 몸을 두는 것이 중요하므로 항상 의식하자.

2 양발의 중심에 몸을 세우고 보드의 진행 속도보다 몸이 뒤로 처지지 않도록 주의한다.

3 발목과 무릎, 고관절을 적당히 굽히고 어깨 선이 한쪽으로 기울지 않도록 평행을 유지한다.

직활강에서의 정지
양발에 균등하게 하중을 주고 천천히 멈춘다

직활강하다가 힐사이드로 정지

1 기본자세를 유지하면서 직활강으로 내려온다.

2 턴을 하려는 방향으로 시선을 두어 몸과 보드를 돌린다.

3 허리를 살짝 숙이고 발목과 무릎을 굽히며 뒷발의 발꿈치를 누르면서 진행한다.

4 양팔로 균형을 잡고 힐사이드 에지를 세우면서 멈춘다.

POINT

뒷발을 지그시 누르면서 양발에 균등한 하중을 주고 멈춘다

보드가 옆으로 돌기 시작하면 뒷발의 힐사이드 에지를 세우고 누른다. 그리고 아랫배에 힘을 주고 등을 살짝 구부리면서 발목과 무릎을 굽혀 균형을 잡으며, 양발에 균등한 하중을 주어 보드를 멈춘다.

시선으로 회전을 리드하고 갑작스러운 에지는 피하자

보드에 양발을 장착한 상태로 직활강하다가 멈추는 연습을 하자. 직활강을 할 수 있게 되어도 원하는 곳에서 멈추지 못하면 위험하기 때문이다. 그리고 슬로프에서 위기 상황에 처했을 때에도 필요한 기술이므로 리프트를 타기 전에 반드시 익혀야 한다.

정지하는 방법에는 힐사이드와 토우사이드 2종류가 있는데, 초보자에게는 경사 아래쪽을 등지고 내려가는 토우사이드가 어렵게 느껴질 것이다. 토우사이드로 정지하는 방법에는 경사 위쪽을 바라보고 멈추는 방법과 상체를 경사 아래쪽으로 비틀어서 정지하는 방법이 있다.

직활강하다가 토우사이드로 정지

POINT
상체를 비틀어 경사 아래쪽을 바라보며 멈춘다

경사 위쪽을 바라보고 정지할 수 있게 되면, 안전을 위해서라도 상체를 비틀어 경사 아래쪽을 보면서 정지하는 연습을 하자. 뒷발이 경사 아래쪽으로 내려가기 전에 팔을 내리면 자세가 안정된다.

1 기본자세를 유지하면서 직활강으로 내려온다.

2 턴을 하려는 방향으로 시선을 두어 몸과 보드를 돌린다.

3 등을 펴고 발목과 무릎을 구부려 발바닥 앞쪽에 하중을 준다.

4 양팔로 균형을 잡으면서 토우사이드 에지를 세우고 멈춘다.

직활강에서의 정지 연습법

직활강하다가 토우사이드로 정지

6 토우사이드 에지를 세우면서 멈춘다.

5 앞쪽 손으로 뒷발을 잡고, 뒤쪽 팔을 들어 균형을 잡는다.

4 앞쪽 손을 뒷발로 가지고 간다.

직활강하다가 힐사이드로 정지

1 기본자세를 취하고 직활강으로 내려온다.

2 상체를 턴하려는 방향(경사 아래쪽)으로 돌린다.

3 보드가 경사 방향에 대해 수평으로 놓이면 양발에 균등하게 하중을 준다.

토우사이드에서는 상체와 하체를 서로 반대 방향으로 비틀면 제동이 걸리면서 보드가 멈춘다.
앞쪽 손으로 뒷발을 만지면 자연스럽게 몸이 틀어진다.

3 상체를 경사 위쪽을 향해 비튼다.

2 턴을 하려는 방향으로 시선을 돌려 보드의 진행 방향을 바꾼다.

1 기본자세를 취하고 직활강으로 내려온다.

힐 사이드에서는 상체를 턴 방향(슬로프 아래쪽)으로 돌리면서 내려가면 보드가 따라온다.
허리를 낮추면 발꿈치 쪽 에지가 세워지면서 제동이 걸린다.

4 힐사이드 에지를 세운다.

5 발목과 무릎, 고관절을 굽힌다.

6 무릎에 손을 얹고 허리를 낮추어 멈춘다.

COLUMN 2

스키장에서 지켜야 할 기본 매너

스키장은 스키를 배우러 오는 단체, 스포츠 마니아, 휴일을 즐기러 오는 가족 등 많은 사람이 모이는 곳이다. 이런 복잡한 장소에서는 기본적인 매너를 지켜 타인에게 피해를 주지 않으려는 자세가 필요하다. 남을 배려하는 마음은 스노보드를 안전하고 쾌적한 환경에서 즐길 수 있도록 만드는 길이므로 꼭 지키도록 하자.

보드 장착은 타인에게 방해되지 않는 장소에서 한다

리프트를 타고 내리는 곳 부근에서 보드를 장착해야 할 경우에는 지정된 장소나 슬로프 가장자리 쪽으로 이동해 보딩 중인 사람들의 진로를 방해하지 않도록 해야 한다. 그리고 보드가 미끄러질 수 있으니 꼭 리쉬 코드를 연결한다.

슬로프 중앙에 앉아서 쉬는 것은 금물이다

슬로프의 중앙에 서 있거나 앉아 있으면 위에서 내려오는 사람들의 진로를 방해하게 되고, 자칫하면 충돌 사고를 일으킬 수도 있다. 특히 안개가 낀 날에 사각지대에 머무르거나 위에서 잘 보이지 않는 곳에서 쉬는 것은 매우 위험한 행동이다. 휴식을 취하고 친구들을 기다릴 때는 재빨리 슬로프 가장자리로 이동한다.

항상 주위를 배려하고 상황을 살핀다

보드를 타고 출발하기 전에는 반드시 뒤에 내려오는 사람은 없는지 확인하는 습관을 들여야 한다. 자칫 충돌 사고가 일어날 수 있기 때문이다. 앞사람을 추월하거나 친구들과 합류할 때에도 마찬가지로 앞이 혼잡하다면 속도를 늦추어야 한다. 슬로프를 잘못 접어들었다면 보드를 풀고 걸어서 내려오거나 사이드 슬립으로 천천히 내려오도록 한다.

새치기와 무리한 추월은 절대 금지다

리프트 탑승장이 혼잡하다고 해서 새치기를 하는 것은 매너가 없는 행동이므로 절대 해서는 안된다. 또한 슬로프에 사람이 많거나 '속도를 줄이시오'라는 안내 표시가 있는 코스에서 무리하게 추월하는 것도 위험하다.

쓰레기를 버리지 않는다

담배꽁초나 껌 같은 쓰레기를 슬로프에 버리지 않아야 하는 것은 기본이다. 그리고 리프트를 탈 때에 가끔 음식물 쓰레기를 아래로 던지는 사람이 있다. 남에게 불쾌감을 줄 뿐 아니라, 큰 사고로 이어질 수 있는 행동이니 삼가야 한다.

〈JSBA안전대책본부 패트롤〉 중에서

PART 03

리프트를 타자

리프트를 탈 때에도 매너는 기본이다.
그리고 슬로프를 내려 오기 위해서는 보드를 타는
기본 기술이 필요하므로, 확실하게 익혀 안전에 유의하자.

리프트 이용 매너와 규칙
타인을 배려하는 행동은 안전과도 직결되며,
스노보드를 타기 좋은 환경을 만든다

리프트의 이용 규칙과 매너는 안전한 보딩으로 이어진다

기본적인 기술을 익혔으면 이제 리프트를 타고 슬로프로 올라갈 차례다. 그 전에, 스키장에서 지켜야 할 규칙과 매너를 한 번 더 확인하자. 스키장은 남녀노소 할 것 없이 많은 사람이 모여 스포츠를 즐기는 장소다.

이렇게 사람이 많이 모이는 곳에서는 남에게 피해를 주지 않고 배려하는 마음가짐이 필요하다. 매너와 규칙을 지키는 것이 곧 안전한 보딩으로 이어지기 때문이다. 특히 타인과 접촉할 일이 많은 리프트 탑승장에서는 더욱 행동을 조심해야 한다.

리프트 이용 규칙과 매너

- 반드시 리쉬 코드를 장착한다.
- 리프트 탑승 대기 줄에 끼어들지 않는다.
- 탑승을 기다릴 때 타인의 스키나 보드를 밟지 않는다.
- 큰 소리로 떠들지 않는다.
- 스키장 직원의 지시를 따른다.
- 혼잡할 때는 앞줄의 빈자리를 채워서 줄을 선다.
- 리프트를 흔드는 등의 위험한 행동을 하지 않는다.
- 리프트 위에서 옆 사람을 귀찮게 하지 않는다.
- 리프트 위에서 쓰레기나 물건을 떨어뜨리지 않는다.
- 리프트 위에서 절대로 흡연을 하지 않는다.
- 리프트에서 내릴 때는 신속하게 행동한다.

리프트 종류와 이용 방법
보드를 장착하고 이동해야 하므로 매너를 지켜 안전에 유의한다

리프트의 종류

리프트 탑승장까지 스케이팅으로 이동한다

리프트는 싱글부터 8인용까지 다양한 종류가 있다. 3인용과 4인용과 같은 운행 속도가 빠른 고속 리프트는 탑승장 근처에서 속도를 줄이므로 서두르지 않아도 충분히 타고 내릴 수 있다. 그리고 곤돌라를 이용할 때는 보드를 외부의 수납공간에 넣거나 직접 들고 타도록 한다.

리프트권은 최근에는 직원이 직접 리프트권을 확인하지 않고, IC칩이 내장된 리프트권을 자동 센서로 확인하는 스키장도 있다. IC칩을 개찰구 센서에 가져다 대면 자동으로 문이 열리는 방식이다. 탑승장에서 리프트를 기다릴 때도 주변 사람에게 방해되지 않도록 주의하자.

개찰구 통과하기

리프트권은 직원에게 직접 보여 주거나, IC칩이 내장되어 개찰구 센서에 가져다 대기만 하면 되는 것이 있다. 구입한 리프트권을 잘 알고 개찰구를 통과하도록 한다.

리프트 탑승장에서 줄 서기

보드를 진행 방향으로 놓고 함께 탈 사람들과 옆으로 나란히 선다. 이때 레귤러와 구피가 섞일 경우 보드가 부딪히지 않게 서로 조심해야 한다. 구피는 레귤러와 등을 마주하도록, 즉 왼쪽 가장자리에 서는 것이 안전하다.

> **POINT**
>
> **스키어와 함께 탑승할 때는 더욱 조심하자**
>
> 스키어와 함께 리프트를 탈 때는 특히 조심해야 한다. 경사면을 올라갈 때 보드가 옆으로 기울면서 스키와 부딪히는 일도 있기 때문이다. 세심하게 주의를 기울이자.

리프트 탑승법과 매너

리프트 의자에 깊숙이 앉고
장난을 치는 등 위험한 행동을 하지 않는다

리프트 탑승하기

1 직원의 지시에 따라 승차 위치까지 스케이팅으로 이동한다. 보드의 노즈를 진행 방향과 평행하게 놓고 리프트를 기다린다.

CHECK! 리프트를 타기 전에 뒷발의 바인딩은 풀고 하이백을 눕혀둔다

2 뒤를 돌아보면서 리프트의 움직임을 확인한다.

4 천천히 자리에 앉으면서 노즈가 설면에 걸리지 않도록 살짝 들어 올린다.

3 뒷발을 토우사이드 쪽에 놓고 한쪽 손으로 리프트를 잡는다.

5 안전 바를 내리고 의자 안쪽으로 깊숙이 앉는다.

리프트를 타고 이동하는 동안 기분 전환을 할 수 있다

리프트 타는 법을 알아두면 허둥대지 않고 안전하게 탑승할 수 있다. 탑승을 할 때는 바닥이 굳어서 미끄럽지는 않는지 살피며 스케이팅으로 탑승 위치까지 이동하는 것으로 시작한다. 그리고 보드의 노즈를 진행 방향과 나란히 놓고 리프트가 오기를 기다린 다음, 리프트가 오면 한 손으로 리프트를 잡고 의자 깊숙이 엉덩이를 대고 앉도록 한다. 리프트로 이동하는 시간은 잠시 쉬거나 경치를 즐기면서 기분 전환을 할 기회이기도 하다. 하지만 위험한 행동은 삼가자. 매너를 지키는 것이 안전한 보딩으로 이어진다.

리프트 이동 시 매너

CHECK! 의자 안쪽으로 깊숙이 앉는다

여러 명이 타는 리프트에 혼자 탑승했더라도 옆으로 비스듬히 앉거나 의자에 한쪽 발을 올려놓는 행동은 위험하다.

TECHNIC

보드를 흔들지 말고, 자신의 보드가 옆 사람의 장비에 닿지 않도록 조심해야 한다. 보드의 바닥을 뒷발로 살짝 받치면 보드 무게를 지탱할 수 있다.

리프트에서 내리는 곳이 가까워지면 엉덩이를 살짝 들어서 의자 앞쪽으로 이동하고 노즈를 진행 방향 쪽으로 돌린다.

도착하면 안전 바를 올리고 내릴 준비를 한다.

리프트에서 내리는 법
서두르지 말고 침착하게
상대방의 진행 방향을 보고 내린다

리프트에서 내릴 준비하기

1 보드를 진행 방향으로 놓고 노즈를 살짝 올린다.

2 일어나기 전에 뒷발을 보드에 올리고 한쪽 손으로 리프트를 잡고 일어난다.

> **POINT**
> 사람들과 함께 내릴 때는 미리 진행 방향을 정한다
>
> 2명 이상이 동시에 리프트에서 내릴 때는 서로 부딪히지 않도록 사전에 진행 방향을 정해두는 것이 좋다. 여유가 있으면 시간차를 두고 내리는 것도 안전하다.

한 손으로 리프트를 잡고 타이밍에 맞춰 의자에서 일어선다

초보자가 최초로 맞닥뜨리는 관문은 리프트에서 내리는 순간일 것이다. 리프트에서 내리는 곳은 대부분 내리막 경사로 되어 있어 직활강하다가 멈추는 기술을 구사하지 못하면 넘어지기 쉽다. 따라서 리프트를 타기 전, 보드에 앞발을 장착한 상태로 스케이팅하기와 직활강하다가 멈추는 기술을 충분히 연습해두자.

리프트에서 내리는 곳이 보이기 시작하면 우선 보드를 진행 방향으로 놓고 노즈를 살짝 들어 올린다. 그리고 내리는 곳에 도착하면 뒷발을 보드 위에 올리고 한쪽 손으로 리프트를 잡고 일어난 다음 안전하게 멈출 수 있는 곳까지 천천히 보드를 타고 내려가면 된다.

리프트에서 내리기

1 뒷발을 보드 위에 올린다.

2 한쪽 손으로 리프트를 누르듯 붙잡고 서서히 몸을 일으켜 세운다.

3 앞발에 체중을 싣고 목표 지점을 향해 나아간다.

4 안전하게 멈출 수 있는 곳까지 이동한다.

TECHNIC

스키어는 보더의 움직임을 예측하기가 어려우므로 함께 탑승했을 때에는 주의가 필요하다. 보더가 스키어를 먼저 내리게 한 뒤 시간차를 두고 내리는 것도 좋다.

TECHNIC

구피 스탠스인 보더와 함께 리프트를 타게 되면 상대방의 진행 방향을 예측하기가 어려우므로 내리기 전에 서로의 진행 방향을 확인하는 것이 좋다. 서로 모르는 사이일지라도 안전한 보딩을 위해서 "어느 쪽으로 가시나요?" 하고 물어보고 부딪히는 일이 없도록 하자.

리프트에서 내리는 나쁜 자세

노즈의 방향이 바르지 않을 경우

1 노즈의 방향이 진행 방향과 맞지 않다.

체중이 뒷발에 실리는 경우

1 체중이 뒷발에 실렸다.

스케이팅을 하지 않고 걷는 경우

1 리프트에서 내려 걸어서 이동한다.

2 보드가 비스듬하게 나아간다.

3 에지에 걸려 넘어진다.

2 중심이 뒤에 실려 몸이 뒤로 빠지고 균형을 잡지 못한다.

3 균형을 잃고 넘어진다.

2 에지에 걸려 균형을 잡지 못한다.

3 균형을 잃고 넘어진다. 리프트에서 내릴 때는 스케이팅이 기본이며, 걷는 것은 금물이다.

COLUMN 3

스노보드 안전사고를 예방하자

양발을 고정해야 하는 스노보드는 균형을 잡기가 어렵기 때문에 기본적인 기술을 익히지 않은 상태로 슬로프를 오르는 것은 위험천만한 행동이다. 스노보드 사고의 원인은 크게 '스노보더의 과실', '장비와 복장 불량', '환경 요인' 3가지로 나눌 수 있는데 사고는 대개 이 요인들이 복합적으로 얽히면서 일어난다. '환경 요인'은 어쩔 수 없다고 치더라도 '스노보더의 과실'과 '장비와 복장 불량' 문제 만큼은 자각을 하고 조심하자.

준비운동을 철저히 한다
어떤 운동이든 부상을 방지하려면 반드시 준비 운동이 필요하다. 역에지에 걸려서 넘어지는 등 강한 충격을 받는 상황에서도 몸을 보호할 수 있도록 목, 손목, 어깨, 발목, 무릎, 허리 근육을 잘 스트레칭해 주자.

무모하게 속도를 내거나 실력을 과신하는 것은 금물이다
대부분의 스노보드 사고는 넘어질 때 일어나는데, 넘어지는 원인은 대체로 지나치게 속도를 내다가 균형을 잃고 역에지에 걸리는 것이다. 초보자는 누구나 실력이 늘면 리프트를 타고 올라가고 싶어 한다. 물론 빨리 보딩을 즐기고 싶겠지만 자신의 실력보다 지나치게 어려운 코스에 도전하는 것은 사고로 이어질 수 있으니 실력을 과신하지 말자.

수면 부족을 주의하자
잠이 부족하면 쉽게 피곤해지고 반사 신경이 둔해져 위급 상황에 대처하는 능력이 떨어지게 된다. 당일 여행이라면 쉬는 시간이 충분하지 않으니 더욱 주의하고, 보딩 전날에는 충분히 수면을 취해 맑은 정신으로 스노보드를 즐기자.

〈JSBA안전대책본부 패트롤〉 중에서

PART 04
슬로프를 내려가자

스노보드의 묘미는 설원에서 그리는 멋진 턴이다.
기본기를 다지고 단계를 차근차근 밟아
슬로프에 올라가 멋진 턴을 그리자!

펜듈럼
경사면을 Z자로 내려온다

힐사이드 펜듈럼

1 몸의 정면을 경사 아래쪽으로 향한 채 앞발에 하중을 준다.

2 양팔을 벌리고 균형을 잡는다.

3 오른쪽을 바라보면서 오른쪽 어깨를 조금 내린다.

4 오른쪽 다리에 하중이 들어가면 오른발 힐사이드 에지를 푼다.

5 오른쪽 사선으로 서서히 내려간다.

TECHNIC
가고 싶은 방향을 바라보면서 어깨를 내린다

가고 싶은 방향으로 시선을 돌리고 어깨를 조금 내리자. 이렇게 하면 체중이 진행 방향 쪽의 다리로 옮겨가 지그재그로 내려올 수 있다.

POINT
사이드 슬립에 중심을 변화시킨다

사이드 슬립을 하는 요령으로 이동하고 싶은 쪽의 다리에 하중을 주면서 에지를 살짝 풀면 비스듬히 내려간다. 이때 하중을 주지 않는 다리 쪽 에지를 너무 많이 풀지 않도록 주의한다.

양팔을 벌려 균형을 잡고 이동하고 싶은 쪽의 어깨를 내린다

기본 기술을 익히고 리프트에서 내릴 수 있다면 턴을 연습할 차례다. '펜듈럼'이란 흔히 '낙엽타기'라고 부르는데, 나뭇잎이 좌우로 흔들리면서 떨어지듯이 경사를 지그재그로 내려가는 기술이다. 사이드 슬립의 연장선에 있는 기술이므로 요령을 터득하면 곧 익숙해질 것이다.

사이드 슬립은 양발에 같은 하중을 주지만 펜듈럼은 무게중심을 보드의 노즈 쪽과 테일 쪽으로 번갈아 두면서 좌우로 코스를 바꾸며 내려온다. 턴을 할 때 필요한 중심 이동을 배울 수 있으므로 턴 연습의 첫걸음이기도 하다.

토우사이드 펜듈럼

1 상체를 왼쪽으로 조금 비틀고 왼쪽 어깨 너머로 진행 방향을 바라본다.

2 양팔을 벌리고 균형을 잡는다.

3 발바닥 앞쪽에 힘을 주어 에지를 너무 깊이 세우지 않도록 부드럽게 조정한다.

4 상체를 오른쪽으로 비틀고 시선은 진행 방향을 바라본다.

5 오른발에 체중을 싣고 오른발의 토우사이드 에지를 푼다.

POINT

시선은 진행 방향 쪽의 어깨 너머를 바라본다

토우사이드 펜듈럼은 익숙해지기 전까지는 자세가 불안해 노즈가 경사 아래쪽을 향하거나, 속도가 빨라지는 경우가 있다. 또 에지를 너무 많이 풀면 역에지에 걸리기도 하므로 주의해야 한다.

펜듈럼 Q & A

> **Q** 아무리 노력해도 보드가
> 원하는 방향으로 나가지 않아요!

> 긴장감 때문에 몸에 힘을 주거나, 무게 중심을 아무 데나 두면 보드가 원하는 방향으로 움직이지 않는다.

몸의 긴장을 풀고 동작은 최대한 과장되게 연습하라

펜듈럼은 '사이드 슬립 요령에 중심을 좌우로 이동시키는 것'이다. 하지만 초보자의 경우에는 몸에 힘이 잔뜩 들어가기 때문에 생각처럼 움직여지지 않는 경우가 많다. 이럴 땐 이동하고 싶은 쪽의 팔을 똑바로 펴고 손가락으로 진행 방향을 가리켜보자.

그러면 가리키는 쪽으로 의식하지 않아도 시선이 가게 되어 있고, 몸의 중심도 이동하게 된다. 몸의 긴장을 풀고 양팔을 수평으로 벌려 조금 과장되게 연습해 보는 것도 좋다. 좌우로 방향을 가리키는 동안 무릎을 굽히고 중심을 일단 중앙으로 되돌렸다가 다시 옮기면 중심 이동을 이해하기 쉽기 때문이다.

 이동하고 싶은 쪽의 팔을 옆으로 뻗어서 손가락으로 방향을 가리켜라

CHECK! 이동하고 싶은 방향을 손가락으로 가리킨다

손가락으로 가리킨 방향으로 어깨가 저절로 내려가고 시선도 따라가게 된다.

CHECK! 손가락으로 방향을 가리키면 무게중심이 자연스럽게 이동한다

손가락으로 가리키는 방향으로 시선과 어깨가 따라가며 결과적으로 진행 방향 쪽의 다리로 무게중심이 이동한다.

POINT

토우사이드의 경우 기본자세를 기억하고, 뒤쪽 손을 들고 등을 세운다

발가락 쪽에 하중을 주는 토우사이드는 상대적으로 에지를 세우기가 쉬워서 자칫 상체가 앞으로 기울고 중심이 흔들리기 쉽다. 이런 상태에서 손가락으로 방향을 가리키는 것은 의미가 없다. 기본자세를 떠올리면서 허리를 펴고 등을 곧게 세워라.

사선타기에서의 정지
사선으로 내려가다 안정된 자세로 정지하는 법을 배운다

힐사이드 사선타기의 정지

1 몸의 정면은 경사 아래쪽을 향하고 보드는 경사 방향에 대해 평행하게 놓는다.

2 시선은 진행 방향을 바라보며 중심을 앞발로 이동하여 사선으로 내려간다.

3 중심을 중앙으로 다시 옮기고 양발에 균등하게 하중을 준다.

> **POINT**
> 앞쪽 어깨를 내리고 등을 세우면서 멈춘다
> 토우사이드로 멈출 때, 허리를 낮추면 토우사이드 에지가 지나치게 많이 세워져서 균형이 깨지기 쉽다. 의식적으로 힐사이드보다 자세를 조금 세우는 편이 안정적이다.

4 발목과 무릎, 고관절을 굽히고 발가락 쪽에 힘을 준다.

5 앞쪽 어깨를 내리고 토우사이드 에지를 세워서 멈춘다.

턴을 크게 그리고 사선을 길게 타면서 턴 감각을 익히자

'사선타기'란 경사면을 비스듬히 타고 내려가는 사활강과 사이드 슬립의 중간 정도 기술이다. 사활강은 턴을 시작하기 직전에 필요한 기술인데, 초보자의 경우 턴을 작고 짧게 그리면서 속도를 조절하지 못해서 빨라지기가 쉽다.

그러므로 턴을 크게 그리고 사선으로 길게 타면서 속도를 조절하는 감각을 익히도록 하자. 슬로프에서 갑작스럽게 위험 상황에 맞닥뜨렸을 때 대처하려면 원하는 곳에서 멈출 수 있는 정지 기술이 중요하다. 천천히 내려가다가 확실하게 멈출 수 있는 안정된 자세도 함께 익히도록 한다.

4 뒷발의 발꿈치에 하중을 주고 보드를 지그시 누르면서(힐사이드 에지를 세우는 것과 다른 동작) 발목과 무릎, 고관절을 굽혀 자세를 낮춘다.

5 허리를 구부리고 발가락을 몸 쪽으로 잡아당긴다는 느낌으로 힐사이드 에지를 세워서 멈춘다.

> **POINT**
>
> **멈출 때 자세를 낮추면 안정감이 생긴다**
>
> 힐사이드로 정지할 때, 발목과 무릎을 굽히고 허리를 낮추면 힐사이드 에지에 힘이 들어가면서 속도가 줄어든다. 자세를 낮추면 한결 안정감이 생긴다.

토우사이드 사선타기의 정지

1 상체를 진행 방향으로 약간 비틀고 중심을 앞발로 이동시킨다.

2 어깨 너머로 진행 방향을 보면서 사선으로 내려온다.

3 중심을 보드 중앙으로 되돌리고 양발에 균등하게 하중을 준다.

사선타기 자세 요령

힐사이드든 토우사이드든 중요한 것은 균형을 유지하는 것이다

'사선타기'는 사선타기의 발전 형태인 사활강을 연결하면 초보 단계의 연속 턴이 되므로, 턴을 익히기 위한 기본 기술이다. 일반적으로 사활강이라고 하면 좁고 샤프한 턴을 상상하지만, 초보자가 사활강에 도전하면 속도가 너무 빨라져서 보드를 조정할 수 없다.

익숙해질 때까지는 경사를 사선으로 길게 타면서 올바른 자세를 연습하자. 여기서 힐사이드와 토우사이드 자세의 차이를 확실하게 복습하면 본격적인 턴을 배울 때 도움이 될 것이다.

힐사이드 사선타기의 바른 자세

POINT
힐사이드는 허벅지 근육을 사용한다

너무 빨라져서 속도를 줄이거나 멈추고 싶어 자세를 낮추는 경우, 단순히 허리만 굽히면 무게중심이 엉덩이 쪽으로 빠지면서 균형이 깨질 위험이 있다. 무릎과 고관절을 적당히 굽히고 자세의 균형을 유지하자.

GOOD
시선은 진행 방향을 바라보고, 어깨 선이 경사면과 평행하도록 양팔을 벌려 균형을 잡는다. 발목과 무릎, 고관절을 적당히 굽히고 발꿈치 쪽에 하중을 준다.

NG
허리를 지나치게 굽히면 머리까지 아래로 숙여지면서 중심이 흔들리고 균형이 깨진다. 그리고 무엇보다 보기에 우스꽝스러운 자세가 된다.

토우사이드 사선타기의 바른 자세

POINT

토우사이드는 정강이 근육을 사용한다

역에지를 피하려는 마음에 지나치게 발가락 쪽으로 무게를 실으면 오히려 토우사이드 에지가 너무 강하게 세워진다. 발가락을 조금 들어 올려보자. 그러면 무게가 발바닥 앞쪽에 실리게 되어 균형을 잡기가 좋다.

GOOD
시선은 진행 방향을 바라보고, 어깨를 약간 내린 상태에서 양팔을 벌려 균형을 잡는다. 발목과 무릎, 고관절을 적당히 굽히고 발바닥 앞쪽에 하중을 준다.

NG
역에지에 걸릴까봐 상체를 설면으로 기울이면 토우사이드 에지가 너무 강하게 세워져서 넘어질 수도 있다. 엎어질 것 같으면 시선을 위로 들고 등을 곧게 편다.

사선타기에서의 산돌기
경사 위쪽 에지를 세우고 반동으로 턴을 멈추는 감각을 익힌다

힐사이드 사선타기의 산돌기

1 앞발에 약간 하중을 주고 경사를 사선으로 탄다.

2 시선을 경사 위쪽으로 두어 몸과 보드를 이동시킨다.

3 발목과 무릎, 고관절을 굽히고 살짝 허리를 낮추면서 양발에 하중을 준다.

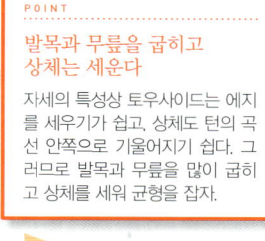

> **POINT**
> **발목과 무릎을 굽히고 상체는 세운다**
> 자세의 특성상 토우사이드는 에지를 세우기가 쉽고, 상체도 턴의 곡선 안쪽으로 기울어지기 쉽다. 그러므로 발목과 무릎을 많이 굽히고 상체를 세워 균형을 잡자.

5 커브를 따라 경사면을 거꾸로 올라가면 속도가 줄면서 자연스럽게 멈춘다.

4 토우사이드 에지를 의식하면서 하중을 뒷발로 옮기고 경사 위쪽으로 커브를 그린다.

시선과 하중 이동을 의식하면서 날렵한 턴을 상상한다

마니아들은 흔히 턴의 전반부를 '계곡돌기', 후반부를 '산돌기'라고 부르는데, 각기 따로 연습하는 것이 효과적이다. 여기서 소개하는 것은 사선으로 타다가 산돌기를 하는 방법으로, 턴의 후반부에 해당하는 턴 연습이다. 산돌기란 폴 라인을 지나 경사 위쪽으로 살짝 커브를 그리면서 거슬러 올라가는 기술을 일컫는다.

사이드 슬립이나 사선타기처럼 경사의 이동 각도가 큰 기술이 아니지만, 에지를 설면에 글립해 미끄러지는 본격적인 턴을 머릿속에 그리면서 연습하자. 핵심은 시선의 방향과 보드에 하중을 주는 동작이다. 이동하고 싶은 쪽으로 시선을 돌리고 무릎을 구부려 앉으면서 뒷발로 하중을 옮긴다.

> **POINT**
> **시선과 상체를 비틀면서 턴을 리드한다**
> 이동하고 싶은 방향으로 시선을 돌리면 몸과 보드가 자연히 따라간다. 이 때 턴 방향으로 상체를 비틀면 에지가 서면서 날렵하게 턴이 완성된다.

4 힐사이드 에지를 의식하면서 뒷발에 하중을 주어 경사 위쪽으로 다시 살짝 올라간다.

5 경사면을 올라가기 시작하면 속도가 줄면서 자연스럽게 멈춘다.

토우사이드 사선타기의 산돌기

3 무릎을 살짝 굽혀 앉으면서 양발에 하중을 준다.

2 시선을 경사 위쪽에 두고 발목과 무릎, 고관절을 살짝 굽힌다.

1 앞발에 약간 하중을 주고 사선을 길게 탄다.

사선타기에서의 산돌기 Q & A

Q 몸이 원하는 대로 움직이지 않고, 보드가 경사 위쪽으로 올라가지 않아요!

초보자는 보드가 미끄러질 때 두려움을 느끼기가 쉽다. 그러면 몸이 굳어서 원하는 대로 움직여지지 않는다.

손가락으로 경사 위쪽을 가리키면 몸이 로테이션된다

시선을 경사 위쪽에 두고 양발에 하중을 주면 보드는 경사 위쪽으로 거슬러 올라간다. 조금 더 수준 높은 턴을 원한다면 상체를 경사 위쪽으로 비튼다는 느낌으로 로테이션해 보자. 깔끔하게 반원을 그릴 수 있다.

하지만 초보자는 아무래도 두려움과 긴장감으로 몸에 힘이 들어가 몸을 자유롭게 움직이기 쉽지 않다. 이럴 땐 손가락을 사용해서 연습하자. 손가락으로 경사 위쪽을 가리키면 시선이 따라가므로 몸도 함께 로테이션되고, 상체의 움직임을 따라서 보드도 함께 움직이게 된다.

A 경사 위쪽으로 팔을 뻗어 손가락으로 방향을 가리키자

POINT

손가락으로 방향을 가리키면 양발의 하중 이동이 부드러워진다

몸이 로테이션되는 힘에 의해 양발의 하중 이동도 자연스럽게 이루어져 경사 위쪽으로 올라가는 반원이 그려진다.

CHECK! 경사 위쪽을 손으로 가리키면서 탄다

사선으로 타다가 산돌기할 때 경사 위쪽을 손가락으로 가리키자. 시선이 자연스럽게 경사 위를 향하고 몸도 따라서 로테이션된다.

1 사선으로 타면서 앞쪽 팔을 뻗어 손으로 경사 위쪽을 가리킨다.

2 시선이 경사 위쪽을 바라보면 상체도 따라서 로테이션된다.

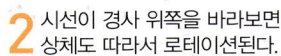

3 보드가 경사 위쪽으로 올라가다가 멈춘다.

POINT

토우사이드는 급격한 에징을 조심하자

토우사이드는 상대적으로 에지를 세우기가 쉽다. 따라서 갑자기 에지를 강하게 세우면 방향도 갑자기 바뀌게 되어 커브가 부드럽게 그려지지 않는다. 에지를 지나치게 세우지 않도록 늘 기본 자세를 기억하자.

지그재그 타기
경사면을 비스듬하게 지그재그로 내려가는 기술이다

힐사이드 지그재그 타기

1 자세를 낮추고 뒷발에 하중을 주면서 산돌기한다.

2 힐사이드 에지를 세워서 경사 위쪽으로 올라간다.

3 몸을 일으켜 세우면서 앞발로 하중을 옮기고 노즈를 경사 아래쪽으로 돌린다.

토우사이드 지그재그 타기

5 뒷발에 하중을 주면서 산돌기한다.

4 노즈가 아래를 향하기 직전에 자세를 낮춘다.

몸을 세우면서 노즈를 경사 아래쪽으로 돌리고
몸을 낮추면서 산돌기한다

폴 라인을 기준으로 보드가 수평으로 놓인 상태에서 몸을 세워 노즈를 경사 아래쪽으로 돌리는 것을 '노즈를 경사 아래쪽으로 돌리기'라고 한다. 이 기술은 산돌기에서 바로 이어지는 턴인 계곡돌기로 바꿀 때 필요하다.

이 감각을 익히면, 속도가 붙기 전에 산돌기를 하면서 사선 방향으로 뱀처럼 구불구불하게 내려올 수도 있다. 노즈를 경사 아래쪽으로 돌리기와 산돌기를 효과적으로 반복해서 연습하자.

> **POINT**
> **몸을 로테이션하면서 부드럽게 산돌기한다**
> 힐사이드에서 몸의 로테이션을 사용하면 턴이 안정된다. 양발에 하중을 주면서 상체를 경사 위쪽으로 로테이션하고 에지를 살려서 안정감 있게 회전하자.

4 노즈가 경사 아래쪽을 향하기 직전에 허리를 낮추고 양발에 하중을 준다.

5 몸이 로테이션하는 힘을 이용하여 경사 위쪽으로 거슬러 올라간다.

> **POINT**
> **상하 움직임을 사용하여 리드미컬하게 타자**
> 몸을 세우면서 노즈의 방향을 경사 아래쪽으로 돌리고, 몸을 낮추면서 경사 위쪽으로 산돌기하는 움직임을 리드미컬하게 반복한다. 산돌기를 할 때 노즈가 경사 위쪽으로 너무 많이 올라가면 다시 경사 아래쪽으로 방향을 돌리기가 어려우므로 주의하자.

3 일어서면서 앞발에 하중을 주고 노즈를 경사 아래쪽으로 돌린다.

2 토우사이드 에지를 세우고 경사 위쪽으로 올라간다.

1 몸을 낮추면서 뒷발에 하중을 주고 산돌기한다.

지그재그 타기 Q & A

Q 노즈 방향을 경사 아래쪽으로 돌릴 때 몸이 자꾸 뒤로 빠져요!

경사를 두려워하면 몸이 뒤로 빠진다. 몸이 빠지면 보드에 하중을 제대로 줄 수 없으므로 보드 조정에 실패하게 된다.

앞쪽 손을 앞발의 무릎에 대면 무게중심이 올바른 위치로 이동한다

'지그재그 타기'에서 중요한 것은 앞뒤 중심 이동이다. 노즈를 경사 아래쪽으로 돌릴 때에는 몸을 세우면서 앞발로 무게중심을 이동한다. 그리고 산돌기에서는 허리를 낮추면서 뒷발에 하중을 준다. 이 두 가지 동작을 리드미컬하게 이으면 본격적인 턴 연습이 된다.

그런데 노즈를 경사 아래쪽으로 돌리는 것을 두려워하면 중심이 뒤로 옮겨가면서 몸이 뒤로 빠진다. 이럴 때는 앞발의 앞쪽 손을 앞발 무릎에 대고 산돌기를 하자. 중심이 올바른 위치로 이동하면 자세가 좀 더 낮아지므로 균형을 잡기가 쉬워진다.

 ## 노즈 방향이 경사 아래쪽을 향하면 앞쪽 손을 앞발의 무릎에 올리고 산돌기한다

중심을 올바른 위치로 옮기며 산돌기한다

앞쪽 손을 앞발 무릎에 대고 산돌기를 하면 무게중심이 낮아지고 어깨도 자연스럽게 내려가 균형 잡힌 자세가 된다. 따라서 커브도 깨끗하게 그려진다.

> **POINT**
>
> **무릎에 손을 올리면 앞쪽 어깨가 내려간다**
>
> 산돌기를 할 때는 앞쪽 어깨가 내려가고 뒤쪽 어깨가 올라가는 자세가 이상적이다. 앞쪽 손을 앞발 무릎에 올리자. 앞쪽 어깨가 내려가 몸의 로테이션까지 가능해진다.

노즈 방향을 앞으로 돌릴 때 무게중심은 앞발에 둔다

산돌기가 끝나고 몸을 세우면서 중심을 앞발로 옮기면 노즈가 경사 아래쪽을 향해 돌아가기 시작한다. 경사 방향과 일직선으로 아래를 향하면 속도가 너무 빨라지므로, 노즈가 완전히 경사 아래쪽을 향하지 않게 조절하면서 빠르게 다시 산돌기한다. 이동하고 싶은 방향을 손가락으로 가리키면 부드럽게 산돌기할 수 있다.

노즈를 경사 아래쪽으로 돌려 정지
사활강하다가 노즈를 경사 아래쪽으로 돌려 직활강하다가 정지한다

토우사이드에서 노즈를 경사 아래쪽으로 돌리기

1 보드를 폴 라인에 대해 수평으로 놓고, 경사 위쪽을 바라보고 서서 자세를 낮춘다.

2 시선을 폴 라인 쪽으로 두고 몸을 살짝 앞으로 기울이듯 일어선다.

3 앞발에 하중을 주면서 토우사이드 에지를 풀고 노즈를 경사 아래쪽으로 돌린다.

> **POINT**
> **토우사이드 에지의 힘을 푼다는 느낌을 의식한다**
>
> 토우사이드 에지의 힘을 푼다는 느낌으로 뒷발에 긴장감을 주면 노즈가 부드럽게 회전하면서 경사 아래쪽을 향한다. 미묘한 감각이지만 앞발과 뒷발이 따로 움직이는 느낌을 몸으로 체험하고 기억하자.

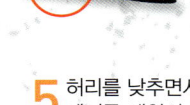

4 직활강하다가 뒷발의 발꿈치에 하중을 주고, 보드를 앞쪽으로 지그시 누르면서(힐사이드 에지를 세우는 것과는 다른 느낌) 나간다.

5 허리를 낮추면서 힐사이드 에지를 세워서 멈춘다.

낮은 자세에서 시작해 몸을 세우면서 노즈를 움직인다

산돌기에서 다음 턴인 계곡돌기로 바꾸는 전환 부분에서 필요한 기술인 '노즈를 경사 아래쪽으로 돌리기'를 연습하자. 우선 보드를 폴 라인에 대해서 수평으로 놓고 발목과 무릎을 살짝 구부려 허리를 낮춘 자세에서 시작한다.

그리고 몸을 세우면서 무게중심을 앞발로 옮기고 노즈를 폴 라인 쪽으로 돌린 다음, 직활강하기 직전에 멈춘다. 직활강을 하면 속도가 빨라지는데, 두려움을 버리고 기본자세를 지키면서 앞발에 하중을 주자. 멈추는 방법은 '직활강에서의 정지(84쪽)'와 같은 요령이다. 이제 조금씩 속도에 익숙해지자.

힐사이드에서 노즈를 경사 아래쪽으로 돌리기

1 보드를 폴 라인에 대해 수평으로 놓고 자세를 낮춘다.

2 진행 방향을 바라보며 몸을 세우고, 앞발에 하중을 주면서 힐사이드 에지를 푼다. 시선은 서서히 폴 라인을 향한다.

> **POINT**
> **노즈 방향을 보고 앞쪽으로 몸을 일으켜 세운다**
> 처음부터 폴 라인을 바라보면 양발에 하중이 균등하게 실려서 노즈의 방향을 바꾸기가 어렵다. 처음에는 노즈와 같은 방향을 바라보다가 진행 방향 쪽으로 몸을 세우는 것이 포인트다.

3 노즈가 폴 라인과 나란해지면 직활강이 시작된다.

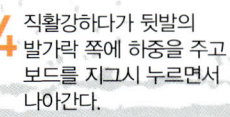

4 직활강하다가 뒷발의 발가락 쪽에 하중을 주고 보드를 지그시 누르면서 나아간다.

5 자세를 낮추면서 토우사이드 에지를 세워서 멈춘다.

노즈를 경사 아래쪽으로 돌려 정지 Q & A

Q 노즈 방향을 몸의 힘을 줘서 억지로 바꾸게 되요!

보드를 자유롭게 조정하지 못하면 억지로 보드를 움직이려고 하게 된다. 하지만 힘으로만 보드를 조정할 수는 없다.

손가락으로 이동하려는 방향을 가리키면서 몸을 리드하고 바른 자세를 찾는다

'노즈를 경사 아래쪽으로 돌리기'를 할 때 보드 위에 서 있는 자세가 나쁘면 성공하기 어렵다. 초보자들은 몸이 경사 위쪽의 설면으로 기울기 쉬운데, 이 상태에서 노즈의 방향을 경사 아래쪽으로 돌리려면 몸으로 억지로 보드를 회전시킬 수 밖에 없다.

올바른 자세로 보드를 타려면 앞쪽 팔을 뻗어 손가락으로 방향을 가리키면서 몸을 리드해보자. 가리킨 방향으로 시선이 따라가면서 몸과 보드도 자연스럽게 따라오게 된다. 또 앞쪽 팔을 이동하려는 방향으로 쭉 펴면 자연스럽게 앞쪽 어깨는 내려가고 뒤쪽 어깨가 올라가 균형 잡힌 자세가 된다.

앞쪽 팔을 똑바로 펴고 손가락으로 방향을 가리켜 몸을 리드한다

1 양발에 균등하게 하중을 주고 낮은 자세에서 시작한다.

2 몸을 일으켜 세우면서 폴 라인을 손가락으로 가리켜, 서서히 앞발로 하중을 옮긴다.

3 손가락으로 가리키는 쪽으로 몸과 보드를 돌리며 노즈의 방향이 경사 아래쪽을 향하게 한다.

POINT

앞발에 체중을 싣고 몸을 일으켜 세운다

폴 라인을 손가락으로 가리키면 앞쪽 어깨가 내려가고 자연스럽게 앞발에 하중이 실린다. 그리고 노즈의 방향도 서서히 경사 아래쪽으로 향한다.

4 직활강하다가 뒷발의 발꿈치에 하중을 주고 보드를 앞쪽으로 지그시 누르면서 나아간다.

5 손으로 무릎을 짚고 의자에 앉듯 자세를 낮추면서 멈춘다.

직활강에서의 산돌기
경사 위쪽의 에지를 세우고
강하게 하중을 주면서 탄다

힐사이드 직활강에서의 산돌기

1 기본자세를 취하고 직활강한다.

2 턴 방향으로 시선을 돌리고 앞쪽 어깨를 내린다.

3 발목과 무릎을 굽히고 허리를 낮추며 힐사이드 에지에 하중을 준다.

4 상체를 낮추고 앉으면서 뒷발에 하중을 준다.

5 시선이 경사 위쪽을 바라보면 보드도 따라서 경사 위쪽으로 올라간다.

> **POINT**
> **로테이션하면서 깔끔한 곡선을 그리자**
>
> 속도가 빨라지면 두려움을 느껴 상체가 보드보다 뒤로 빠질 수 있다. 몸이 보드보다 뒤처지지 않게 자세를 낮추고 상체를 적극적으로 로테이션하면 곡선이 깔끔하게 그려진다.

에지를 세우고 하중을 주면서 턴이 그려지는 감각을 익혀라

'사선타기에서의 산돌기(110쪽)'와 같은 요령으로 '직활강에서의 산돌기'를 연습하자. 사선타기에서는 같은 쪽 에지가 세워진 상태에서 산돌기를 했지만, 여기에서는 보드를 평평하게 놓은 상태에서 힐사이드나 토우사이드 둘 중 한쪽 에지를 세워서 산돌기를 한다. 직활강은 속도가 빨라지므로 몸이 보드보다 뒤로 빠지지 않게 하는 것이 중요하다. 허리를 낮추고 앉으면서 에지에 하중을 주면, 속도가 붙고 턴이 그려지는 느낌을 몸으로 익힐 수 있다.

토우사이드 직활강에서의 산돌기

POINT

몸을 기울이면서 턴이 휘어지는 느낌을 즐겨라

속도가 빨라지면 균형을 잡기 위해 몸이 경사 위쪽으로 기운다. 토우사이드는 속도가 붙으면서 몸이 안쪽으로 기울어지기 쉬우니 무릎을 턴 안쪽으로 비틀고 상체를 세우자.

1 기본자세를 취하고 직활강한다.

2 시선은 턴 방향을 향하고 앞쪽 어깨를 내린다.

3 발목과 무릎, 고관절을 굽히고 토우사이드 에지에 하중을 준다.

4 앉으면서 뒷발에 하중을 준다.

5 경사 위쪽을 바라보면 보드도 경사 위쪽으로 올라간다.

직활강에서의 산돌기 Q & A

Q 몸이 경사 위쪽으로 너무 기울어서 균형이 잡히지 않아요!

> 속도가 빨라지면 균형을 잡기 위해 상체가 턴 안쪽으로 기울어지기 쉽다. 하지만 이런 자세로는 보드를 제대로 조종할 수 없으며, 균형을 잃는 원인이 된다.

턴하는 자세를 안정시키는 것이 중요하다

직활강을 하면 속도가 붙는다. 이때 에지에 강하게 하중을 주면서 산돌기를 하면 에지가 설면을 파고 들면서 시원스러운 반원이 그려진다. 여기서 중요한 것은 자세이다. 속도가 빨라지면 균형을 잡기 위해 상체가 경사 위쪽으로 기울어지는데, 몸이 너무 기울지 않게 주의하자.

그리고 뒤쪽 손의 쓰임새도 중요하다. 토우사이드에서는 손을 들고, 힐사이드에서는 앞발의 무릎을 짚으면서 턴해보자. 토우사이드에서는 자세가 낮아지는 것을 느낄 수 있고 힐사이드에서는 몸이 적당히 로테이션되면서 자세가 안정되는 것을 느낄 수 있다.

> **A** 토우사이드에서는 뒤쪽 손을 들어 자세를 낮추고, 힐사이드에서는 뒤쪽 손으로 앞발의 무릎을 짚어 몸을 로테이션한다

토우사이드

1 직활강하다가 턴 방향으로 시선을 돌리고 뒤쪽 손을 든다.

2 발목과 무릎, 고관절을 굽히고 토우사이드 에지에 하중을 준다.

3 뒤쪽 팔을 들면 양 무릎이 굽혀져 자세가 낮아지고, 몸이 안쪽으로 너무 많이 기우는 것도 막을 수 있다.

힐사이드

1 직활강하다가 턴 방향으로 시선을 돌리고 뒤쪽 손으로 앞쪽 무릎을 잡는다.

2 발목과 무릎, 고관절을 굽히고 힐사이드 에지에 하중을 준다.

3 뒤쪽 손을 앞쪽 발의 무릎에 올리면 몸이 적당히 로테이션된다.

ㄷ자 턴

'노즈를 경사 아래쪽으로 돌리기 ➡ 직활강 ➡ 사이드 슬립 ➡ 사선타기'로 스케이팅을 즐긴다

힐사이드에서의 ㄷ자 턴

노즈를 경사 아래쪽으로 돌리기 (118쪽)
2 몸을 세우면서 앞발에 하중을 주고 노즈를 폴라인으로 돌린다.

1 토우사이드에서 노즈를 경사 아래쪽으로 돌린다.

직활강 (82쪽)
3 기본자세를 유지하면서 직활강한다.

사이드 슬립 (80쪽)
4 뒷발의 발꿈치를 앞쪽으로 지그시 누르면서 힐사이드 사이드 슬립을 한다.

사선타기에서의 정지 (106쪽)
5 양발에 균등하게 하중을 주고 힐사이드 에지를 세워 사선타기로 내려온다.

각 기술의 요령을 떠올리며 확실하게 속도를 조절하자

지금까지 연습한 '노즈를 경사 아래쪽으로 돌리기', '직활강', '사이드 슬립', '사선타기'를 순서대로 연결하면 ㄷ자 모양의 턴이 된다. 그리고 이것을 반복하면 초보적인 연속 턴이 완성된다. ㄷ자 턴에서의 포인트는 각 동작을 구사할 때의 시선 방향이다.

직활강하다가 시선을 턴 방향으로 돌리면 보드의 방향도 급하게 돌아가 NG다. 사이드 슬립이 끝나고 사선으로 내려가기 시작할 때 시선을 턴 방향으로 돌리는 것이 좋다. 동작이 익숙해지고 시선을 천천히 돌릴 수 있게 되면 각 동작이 연결되면서 부드러운 턴이 그려진다.

토우사이드에서의 ㄷ자 턴

2 몸을 일으켜 세우면서 앞발에 하중을 주고 노즈를 폴 라인으로 돌린다.

노즈를 경사 아래쪽으로 돌리기 (118쪽)

1 힐사이드로 사선을 타며 내려가다가 노즈를 경사 아래쪽으로 돌린다.

POINT
노즈 방향을 보고 앞쪽으로 몸을 세운다

처음부터 폴 라인을 바라보면 양발에 실린 하중이 균등해져서 노즈를 돌릴 수가 없다. 처음에 시선을 노즈의 방향을 향하다가 진행 방향으로 서서히 몸을 일으켜 세우는 것이 포인트다.

직활강 (82쪽)

3 기본자세를 유지하면서 직활강한다.

사이드 슬립 (80쪽)

4 뒷발의 발가락을 경사 아래쪽으로 누르면서(토우사이드 에지를 세우는 것과는 다른 동작) 토우사이드 사이드 슬립을 한다.

사선타기에서의 정지 (106쪽)

5 양발에 균등하게 하중을 주고 토우사이드 에지를 세워서 사선타기로 내려온다.

슬라이드 롱 턴
연속으로 사선타기하는 느낌으로
ㄷ자 턴에서 S자 턴으로 방향을 바꾼다

> **POINT**
> **노즈를 경사 아래쪽으로 돌리는 요령으로 계곡돌기를 떠올려라**
> 아직은 계곡돌기를 완벽하게 구사하지 않아도 된다. 노즈의 방향을 돌릴 때 상체를 노즈 쪽으로 기울이다가 다시 일어나면 노즈의 방향이 자연스럽게 바뀌는 감각을 익히게 된다.

7 몸을 세우면서 무게중심을 앞발로 이동한다.

6 토우사이드 에지에 하중을 주면서 사선타기로 내려온다.

8 뒷발의 발꿈치를 앞쪽으로 누른다는 느낌으로 보드의 방향을 바꾼다.

9 허리를 낮추면서 뒷발에 하중을 준다.

슬라이드 롱 턴

1. 사활강을 하다가 몸을 일으켜 세운다.
2. 무게중심을 앞발로 이동하면서 노즈를 아래쪽으로 돌린다.
3. 턴하려는 방향으로 시선을 돌린다.
4. 뒷발의 발가락을 뒤쪽으로 누른다는 느낌으로 보드의 방향을 바꾼다.
5. 자세를 낮추면서 뒷발에 하중을 준다.

S자 턴

계곡돌기는 의식하지 말고 노즈의 방향을 돌리면서 사선타기로 내려오자

ㄷ자 턴(126쪽)을 부드럽게 타면 S자에 가까운 턴이 그려진다. S자 턴을 만들려면 노즈를 아래쪽으로 돌리는 타이밍에 계곡 쪽 에지를 세워 계곡돌기를 해야 한다. 그러나 초보자가 성급하게 계곡돌기에 도전하면 노즈의 방향이 완전히 아래를 향하기도 전에 계곡 쪽 에지를 너무 세워서 역에지에 걸려 넘어질 수 있다. 익숙해질 때까지는 계곡돌기를 신경 쓰지 않는 편이 낫다. '사선타기 → 노즈를 계곡 아래쪽으로 돌리기 → 사선타기'의 이미지로 연속해서 턴을 연습하자.

카빙 롱 턴
턴 전반부에 계곡 쪽 에지를 세워 깨끗하고 둥근 반원을 그린다

POINT

계곡 쪽으로 몸을 세우고 에지를 바꾼다

계곡돌기는 노즈가 완전히 폴 라인을 향하기 전에 계곡 쪽 에지를 타야 한다. 상체를 계곡 쪽으로 던지는 느낌으로 계곡 쪽으로 몸을 일으키면 계곡 쪽 에지를 세우기가 쉽다.

7 몸을 서서히 세운다.

8 계곡 쪽으로 몸을 세우면서 힐사이드 에지를 세운다.

9 힐사이드 에지를 세워 계곡돌기를 한다.

10 힐사이드 에지에 하중을 주고 산돌기한다.

카빙 롱 턴

1 힐사이드 에지에 하중을 주면서 산돌기한다.
2 계곡 쪽으로 몸을 세운다.
3 토우사이드 에지를 세워서 계곡돌기를 한다.
4 토우사이드 에지에 하중을 주면서 탄다.
5 자세를 낮추면서 토우사이드 에지에 하중을 준다.
6 에지를 의식하면서 산돌기한다.

카빙 턴

노즈를 경사 아래쪽으로 돌리면서 계곡돌기를 의식하고 내려온다

카빙 턴은 에지를 살려서 보드의 움직임을 최소한으로 줄이고 날카롭게 반원을 그리는 턴으로 보드 마니아들의 최종 목표라고도 할 수 있다. 초보자도 ㄷ자 턴을 조금씩 갈고 닦아서 양쪽 에지를 자유롭게 바꿀 수 있게 되면 곧 멋진 카빙 턴을 그릴 수 있게 될 것이다.

S자 턴처럼 깨끗하고 둥근 반원을 연속으로 그리려면 계곡돌기가 중요하다. 산돌기를 끝내고 계곡 쪽으로 몸을 일으켜 세우면서 노즈 방향을 폴 라인으로 돌리면 계곡 쪽 에지가 세워지고 계곡돌기가 완성된다.

테일 슬라이드 숏 턴

앞발을 축으로 하여 뒷발을 좌우로 슬라이드해 테일로 속도를 조절한다

테일 슬라이드 숏 턴

1. 진행 방향의 연장선으로 시선을 멀리 고정한다.

2. 몸을 세우면서 앞발에 하중을 주고 보드의 솔을 설면에 댄다.

3. 앞발에 하중을 준 채 뒷발로 테일을 앞쪽으로 지그시 누른다(힐사이드 에지와는 다른 동작).

4. 힐사이드 에지에 하중을 주고 슬라이드를 멈춘다.

자동차 와이퍼처럼 테일을 슬라이드한다

롱 턴의 반원 크기를 줄이고 리듬을 빠르게 타면 '숏 턴'이 된다. 성급하게 도전하지 말고, 우선 롱 턴부터 시작해서 미들 턴, 숏 턴으로 서서히 반원의 크기를 줄여나가는 편이 부담이 적다.

카빙 턴을 의식하지 말고 앞발에 하중을 준 상태에서 앞발을 축으로 사용하고 뒷발로 테일을 좌우로 슬라이드하는 '테일 슬라이드 숏 턴'을 익히자. 상체의 방향을 일정하게 유지하고 '직활강 → 테일 슬라이드 → 하중 주기'의 순서를 반복해 속도를 조절하면 완성된다.

5 몸을 세우면서 앞발에 하중을 주고 보드의 솔을 설면에 댄다.

6 앞발에 하중을 준 채 뒷발로 테일을 뒤쪽으로 누른다.

POINT

앞발을 축으로 삼고 테일을 좌우로 움직인다

앞발을 고정하고 테일을 자동차의 와이퍼처럼 좌우로 움직이는 느낌이다. 이 동작에 몸을 세우면서 힘을 빼는 발중 동작과 힘을 주는 하중 동작을 리드미컬하게 합치면 부드러운 턴이 완성된다.

7 토우사이드 에지에 하중을 주고 슬라이드를 멈춘다.

8 몸을 세우면서 앞발에 하중을 준다.

카빙 숏 턴
턴 전반에 계곡 쪽 에지를 세우고 상하로 강한 하중을 주어 턴한다

카빙 숏 턴

2 허리를 낮추면서 힐사이드 에지에 하중을 준다.

1 시선을 진행 방향의 연장선에 고정한다.

3 앉으면서 강하게 하중을 준다.

4 뒷발에 하중을 주면서 턴을 완성한다.

POINT

폴 라인 쪽으로 몸을 세우면서 힘을 뺀다

산돌기를 한 다음 폴 라인 쪽에 몸을 던지는 느낌으로 몸을 세우며 힘을 빼면 에지가 부드럽게 바뀐다. 턴 전반부부터 에지가 세워지면서 계곡돌기를 할 수 있다.

몸을 일으키면서 힘을 빼고 계곡 쪽 에지를 세워 계곡돌기를 한다

'카빙 숏 턴'의 성패도 롱 턴과 마찬가지로 계곡돌기의 가능 여부에서 갈린다. 테일 슬라이드 턴의 속도감을 높이고 에지에 강하게 하중을 주면 자연히 계곡돌기의 계곡 쪽 에지가 세워지면서 카빙 턴이 완성된다.

또 산돌기를 한 다음에 시선을 폴 라인 쪽에 두고 몸을 일으켜 세우면서 힘을 빼면 부드럽게 에지를 바꿀 수 있다. 발목과 무릎, 고관절을 구부려 자세를 낮추면서 에지에 강하게 하중을 주고, 앞발에서 뒷발로 하중을 옮기면 턴이 완성된다.

5 폴 라인 쪽으로 몸을 일으켜 세우면서 힘을 뺀다.

6 토우사이드 에지에 하중을 준다.

7 자세를 낮추며 턴 안쪽으로 몸을 기울이면서 토우사이드 에지에 하중을 준다.

8 뒷발에 하중을 주면서 턴을 완성한다.

COLUMN 4

활주 금지 구역에 들어가지 않는다

구멍이 있는 곳이나 골짜기 쪽의 계곡은 눈이 쌓이면 보이지 않아 위험하다. 이런 지역은 스태프들이 겨울 전에 일일이 조사하여 '활주 금지 구역'으로 지정하므로 절대 들어가서는 안된다. 사실 이런 곳에서 스노보드를 즐기다가 조난 사고를 당한다면 자업자득인 셈이다.

특히 외국의 경우에는 '백컨트리 붐(Backcountry boom 정규 슬로프가 아닌 곳에서 타는 것)'이 일면서 경고 표시를 넘어 활주 금지 구역에 들어가는 스노보더들이 늘어나 문제가 되고 있다. 게다가 보더들의 부상뿐 아니라, 슬로프 안에 임의로 점프대를 만들어 점프를 하며 눈사태를 일으키는 등 주변 사람에게 민폐를 끼치는 문제도 자주 보고되고 있다.

이러한 문제가 계속되면 결국 '스노보더는 매너가 나쁘다'라는 이미지가 생겨 오히려 불이익을 당하는 수가 있다. 스노보드를 시작하는 초보자도 반드시 매너를 지키며 안전하게 스노보드를 즐기기를 바란다.

〈JSBA안전대책본부 패트롤〉 중에서

PART 05
다양한 슬로프를 즐기자

슬로프에는 다양한 코스가 있다.
연속 턴을 할 수 있게 되면 두려움을 버리고
적극적으로 다양한 슬로프에 도전하자.
난코스를 극복하는 쾌감과 더불어 실력도 향상될 것이다!

15도 미만 경사에서의 활강
초보자도 안전하게 탈 수 있지만 역에지를 조심한다

완만한 경사에서는 크게 속도가 나지 않으므로 초보자에게 적당하다. 하지만 역에지에 걸릴 수 있으므로 조심하자.

예징이 약하면 역에지에 걸려서 넘어지기 쉽다

완만한 경사란 15도 미만의 경사를 가리킨다. 압설차가 눈을 눌러 주어 설면이 매끄러우며 보통 스키장 아래쪽에 자리하고 코스의 폭이 넓어서 초보자들도 안심하고 보드를 즐길 수 있다. 속도도 크게 나지 않는다.

하지만 에지를 세우기 어려워 방심하면 역에지에 걸려 넘어지기 쉽다. 특히 턴을 바꾸는 부분에서 주의해야 한다. 완만한 경사에서 넘어지면 급경사와 달리 충격이 분산되지 않아 더 큰 부상을 당할 위험이 있으므로 반드시 주의하자.

15~25도 중간 경사에서의 활강
속도에 대응하는 기술이 필요하다

중간 경사는 어느 정도 속도가 나는 만큼 턴 연습을 하기에 좋다. 다양한 턴 기술을 익히자.

속도가 빨라지면 강한 하중과 에징이 필요하다

중간 경사란 경사 각도 15~25도 정도의 경사를 가리킨다. 완만한 경사와 마찬가지로 설면에 기복이 없고 평평하게 관리되는 경우가 많다. 경사 각도가 커질수록 속도는 빨라지기 마련이다. 기본 기술을 익혔다면 적극적으로 중간 경사에 올라가 속도감 있게 타보자.

속도가 빨라지면 그만큼 강한 하중과 에지를 필요로 한다. 턴이 바뀌는 부분에서 상체가 뒤로 빠지지 않도록 계곡 방향으로 에지를 옮긴다고 의식하고, 경사와 몸의 중심축이 수직을 유지할 수 있게 노력하는 것도 중요하다.

25도 이상 급경사에서의 활강
속도를 조절하기 쉬운 드리프트 턴이 효과적이다

자신이 없다면 무리하게 급경사에 도전할 필요는 없다. 중간 경사에서 타는 것이 지루해질 무렵에 도전하기를 권한다.

몸의 역비틀기를 이용하여 빠르게 방향을 전환한다

급경사란 경사 각도 25도 이상의 대단히 가파른 경사를 가리킨다. 설면이 평평하게 작업된 곳도 있지만 사람의 손길이 닿지 않은 자연 그대로 보존되는 곳도 있다. 이런 곳은 시간이 지나면 설면이 울퉁불퉁해지는 경우가 많으니 초보자가 무리하게 들어갈 필요는 없다.

하지만 만일의 경우에 대비하여 급경사 대처 기술을 익혀두자. 급경사에서는 몸을 서로 반대 방향으로 비틀면서 빠르게 방향을 바꾸는 드리프트 턴이나 연속 사이드 슬립 또는 사선으로 타고 내려가다가 방향을 바꾸는 기술 등을 쓰면 효과적이다.

우회 코스
폭이 좁은 커브를 연속으로
사이드 슬립하는 기술이 필요하다

스키장에는 대부분 중간 경사나 급경사를 피해서 내려올 수 있는 우회 코스가 있다. 단, 우회 코스는 대체로 폭이 좁으므로 안전하게 내려오는 것을 최우선으로 생각하자.

노즈가 경사 아래쪽을 향하는 순간, 상체와 하체를 서로 반대 방향으로 비튼다

급경사를 피해서 내려올 수 있는 우회 코스는 폭이 좁아서 생각보다 어렵다. 우회 코스의 폭을 전부 쓰면서 긴 사선으로 내려오면 뒷사람에게 불편을 주고, 추월당할 수도 있다. 그러므로 가능한 한 폭을 좁게 사용하면서 내려오는 기술이 필요한데, 이때 유효한 기술이 '연속 사이드 슬립'이다.

노즈가 아래를 향하는 순간, 상체와 하체를 서로 반대 방향으로 비틀고 뒷발의 발꿈치를 경사 아래쪽으로 지그시 누르면(힐사이드 에지를 세우는 것과 다른 동작) 보드가 다시 폴 라인에 대해 수평으로 돌아온다. 딱 보드의 길이만큼을 폭으로 사용하며 내려오는 것이다. 타이밍을 잘 맞추어 보드의 방향을 바꾸자.

연속 사이드 슬립

1 무게중심을 앞발에 둔다.

5 중심을 앞발로 이동하며 노즈를 경사 아래쪽으로 돌린다.

2 노즈를 아래쪽으로 돌려 직활강한다.

6 노즈가 폴 라인을 향하면 직활강한다.

3 상체는 왼쪽으로, 하체는 오른쪽으로 비튼다.

7 상체는 오른쪽으로, 하체는 왼쪽으로 비튼다.

4 뒷발의 발가락을 경사 아래쪽으로 누르면서(토우 에지를 세우는 것과 다른 동작) 사이드 슬립한다.

8 뒷발의 발꿈치를 지그시 누르면서(힐사이드 에지를 세우는 것과 다른 동작) 사이드 슬립한다.

우회 코스 타는 요령

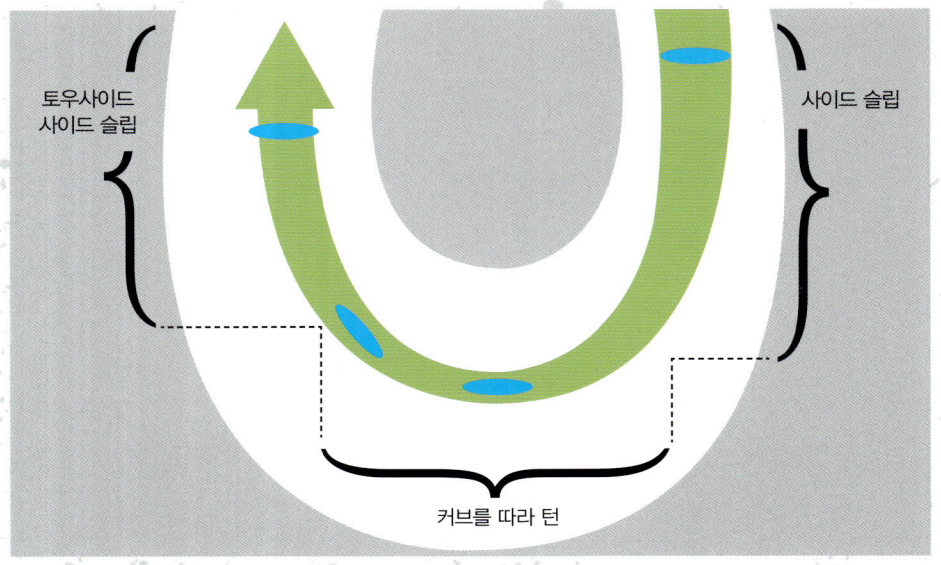

토우사이드 사이드 슬립

사이드 슬립

커브를 따라 턴

5 상체는 왼쪽, 하체는 오른쪽으로 서로 반대 방향으로 비튼다.

6 뒷발의 발끝을 뒤쪽으로 지그시 누른다(토우 에지를 세우는 것과 다른 동작).

7 토우사이드 사이드 슬립으로 탄다.

연속 코너 타기

1 사이드 슬립으로 타다가 진행 방향을 보고 커브 타이밍을 예측한다.

2 앞발로 무게중심을 이동하고 노즈를 커브 방향으로 돌린다.

3 커브의 크기에 맞춰 턴한다.

4 속도가 너무 나지 않도록 조절한다.

부정지 경사 활강
고르지 않은 경사의 기복에 대응할 줄 알아야 한다

부정지에는 정지 작업이 되어 있지 않은 설면뿐만 아니라 봄눈 특유의 뭉쳐지지 않는 파우더 눈도 있으므로 눈의 특성에 맞춰 보드 타는 법을 익히자.

상체의 균형을 유지하고 하체를 유연하게 사용한다

정지 작업(눈을 고르고 평평하게 만드는 작업)이 되어 있지 않은 경사면은 일반적으로 최상급자용 급경사 슬로프에 많으며, 사람의 손길이 닿지 않아 상황에 따라 다양하게 변화하는 것이 특징이다. 이런 부정지의 특징은 눈이 푹신하기도 하고 딱딱하기도 하는 등 설면이 고르지 않아 균형을 잡기가 무척 어렵다는 것이다. 하체를 자동차의 서스펜션(Suspension 도로의 울퉁불퉁한 면으로부터 차체와 기관을 보호하는 장치)처럼 유연하게 사용해 울퉁불퉁한 설면의 충격을 흡수하고, 상체는 어깨 선과 경사면을 평행하게 유지하면서 균형을 잡는 것이 포인트다.

부정지 타기

2 상체가 뒤로 빠지지 않도록 양발로 에지를 세운다.

1 경사면 상황을 눈으로 확인한다.

3 어깨 선과 경사면을 평행하게 놓는다.

POINT

하체를 자동차의 서스펜션처럼 사용한다

발목과 무릎, 고관절을 유연하게 사용하여 충격을 흡수하면서 타면 자세가 안정된다. 하체를 스프링처럼 유연하게 사용하자. 자동차의 서스펜션을 떠올리면 도움이 될 것이다.

---

4 하체를 유연하게 사용해 울퉁불퉁한 설면의 충격을 흡수한다.

5 설면에 단단히 에지를 세우며 내려간다.

모굴 경사 활강
펜듈럼과 사이드 슬립을
자유롭게 이용한다

범프를 두려워하지 말고 몸 전체로 균형을 잡는다

부정지를 많은 사람이 타다 보면 서서히 범프(Bump 눈 언덕)가 생겨난다. 이를 모굴(Mogul 범프가 이어진 언덕)이라고 하는데, 상급자가 많이 타는 경사면에는 범프가 규칙적으로 생기는 반면, 초급자나 중급자가 많이 타는 경사면에는 불규칙적으로 생긴다. 모굴을 만나면 우선 두려움을 버리는 것이 좋다.

겁을 내면 엉덩이가 뒤로 빠져 속도가 빨라지게 된다. 모굴 타기의 포인트는 어깨 선을 경사면과 평행하게 두고 온몸으로 균형을 잡는 것이다. 처음에는 범프와 범프 사이를 지나가듯 펜듈럼으로 내려가고, 범프가 많은 모굴 경사면에 익숙해지면 사이드 슬립을 반복하면서 턴을 해보자.

모굴 경사면에서 힐사이드 자세 취하기

GOOD
발목과 무릎, 고관절을 굽히고 몸의 중심축은 가능한 한 경사면과 수직이 되게 한다.

NG
두려움을 느끼면 몸을 일으키게 되어 중심이 엉덩이 쪽으로 빠지게 되고 불안정한 자세가 되므로 충격을 제대로 흡수할 수 없다.

모굴 경사면에서 토우사이드 자세 취하기

GOOD
어깨 선을 경사면과 평행하게 놓고 뒤쪽 어깨를 들면 균형을 잡기가 쉽다. 범프를 잘 살피자.

NG
머리가 숙여지면 몸이 경사면으로 기울면서 에지가 지나치게 깊이 세워지고 균형도 깨진다.

모굴 경사 활강법

모굴 경사에서의 펜듈럼

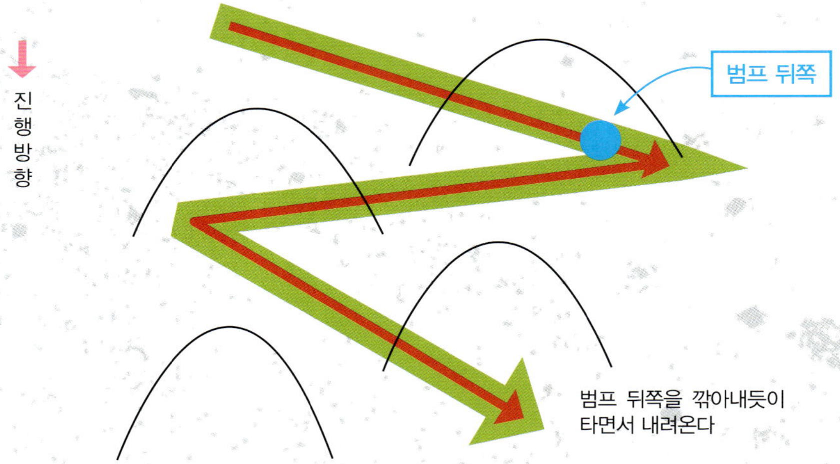

진행방향

범프 뒤쪽

범프 뒤쪽을 깎아내듯이 타면서 내려온다

1 경사면의 상황을 눈으로 확인한다.

2 시선을 이동하려는 쪽으로 둔다(사진에서는 왼쪽).

3 왼쪽(이동하려는 쪽) 어깨를 내리고 왼발에 하중을 주어 나아간다.

4 범프 뒤쪽을 깎으면서 혹과 혹 사이를 누비듯이 내려간다.

모굴 경사에서의 연속 사이드 슬립

진행방향

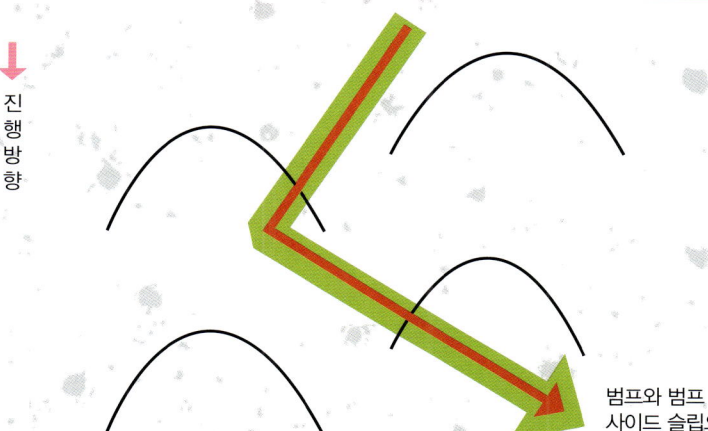

범프와 범프 사이를 누비듯이 사이드 슬립으로 내려온다

1 상체와 하체를 서로 반대 방향으로 비튼다.

2 앞발에 하중을 주고 노즈를 경사 아래쪽으로 돌린다.

3 뒷발 발꿈치를 아래로 지그시 누르면서 사이드 슬립한다.

4 상체와 하체를 서로 반대 방향으로 비틀고 뒷발의 발가락을 아래로 지그시 누르면서 사이드 슬립한다.

파우더 눈에서의 활강
뒷발에 하중을 주고
노즈를 띄워서 탄다

파우더 눈에서의 보딩은
스노보더가 느끼는 최고의 묘미다

사람이 지나간 흔적이 없이 눈이 깊이 쌓인 곳은 보더들에게 무척 매력적인 장소다. 특히 습도가 낮아서 흩날리는 파우더 눈이 무릎까지 쌓인 경사라면 더할 나위가 없다. 보드는 스키보다 설면에 닿는 면적이 넓고 부력이 있어서 파우더 눈 위를 타면 마치 두둥실 떠 있는 느낌이 든다. 포인트는 어느 정도 속도를 내면서 에지를 지나치게 세우지 않는 기술을 발휘하는 것이다. 노즈가 설면에 깊이 박히지 않도록 무게중심을 뒷발로 이동하고, 노즈를 설면에서 조금 띄우고 타자.

파우더 눈 타기

1 눈의 저항력이 크므로 평소보다 속도를 낸다.

5 뒷발에 하중을 주고 노즈를 띄운다.

2 노즈가 눈에 박히지 않도록 뒷발에 체중을 싣는다.

6 상체가 앞으로 쏠리지 않게 조심하고, 절대 몸이 뒤로 빠지지 않게 한다.

3 지나치게 에지를 세우지 않는다.

7 가능한 한 속도를 내면서 탄다.

4 양팔을 벌리고 균형을 잡는다.

8 상체를 세우고 균형 잡힌 자세를 유지한다.

COLUMN 5

스키장에서의 응급 처치법

스키장에서 사고가 가장 빈번하게 발생하는 시간대는 오전 11~12시와 오후 2~4시 사이라고 한다. 일반적으로 사람이 집중할 수 있는 시간은 약 2시간이라고 알려져 있는데 스키와 스노보드도 마찬가지이다. 타기 시작한 지 1~2시간 후에는 마음이 풀리고 동시에 피로가 쌓여 사고가 일어나기 쉬운 것이다. 피로를 느끼면 '한 번만 더 타자!' 라는 생각을 접고 휴식을 취하자.
또 오후 3시가 넘으면 기온이 떨어지기 시작해 동상이나 저체온증에 걸리기 쉽고, 눈의 성질도 나빠져 예상치 못한 사고가 일어날 가능성도 많아진다.
만약 부상을 당했다면 먼저 몸을 움직여도 되는지 확인하고, 가능하면 슬로프 가장자리로 이동하자. 움직일 수 없다면 주위에 부상당했음을 알리고 2차 충돌 사고를 막도록 한다.

그 다음, 스키장을 감독하고 부상자를 구조하는 패트롤에게 연락해야 한다. 미리 패트롤 번호를 알아두면 긴급 상황에 도움이 될 것이다. 그리고 부상 정도에 따라 곧바로 응급차로 가까운 병원으로 옮겨 수술이나 입원을 해야 하는 경우도 있으므로 미리 보험증을 지참하는 것도 좋다. 반대로 다른 부상자를 돕게 될 때에는 무턱대고 부상자를 옮기지 말고 편안한 자세를 취하게 한 뒤, 최대한 추위를 막아 주면서 패트롤을 기다려야 한다.
사고가 나면 즐거웠던 마음이 순식간에 가라앉는다. 안전은 아무리 말해도 과하지 않다. 안전에 늘 유의하자.

〈JSBA안전대책본부 패트롤〉 중에서

PART 06
그라운드 트릭으로 즐기자

어떤 경사면에서든 자신 있게 보드를 탈 수 있다면, 보더들의 작은 즐거움인 '그라운드 트릭' 기술에 도전해보자. 보딩 기술을 업그레이드 하게 될 것이다.

그라운드 트릭
슬로프에서 점프하면서 턴!
트릭을 익히면 즐거움이 배가 된다

그라운드 트릭 시의 주의사항

- 완만한 경사에서 즐긴다.
- 혼잡한 경사에서 하지 않는다.
- 뒤에 사람이 있는지 확인한다.
- 무모한 도전은 하지 않는다.
- 리프트 탑승장 근처에서 하지 않는다.
- 그라운드 트릭 전용 공간이 있다면 범위를 벗어나지 않는다.

트릭을 익히면 스노보드의 즐거움이 배로 늘어난다

'그라운드 트릭'이란 프리스타일 보드의 특성을 살려서 일반 슬로프에서 뛰거나 도는 등 가벼운 기술을 선보이는 것이다. 화려한 묘기로 사람들의 시선을 끄는 것은 스노보드의 또다른 즐거움 중 하나다. 점프대나 파이프와 같은 기구는 필요 없다.

초보자는 기구 없이도 몇 가지 간단한 트릭 요령만으로도 쉽게 즐길 수 있으니 도전해보자. 보드를 자유롭게 타기 전까지는 어렵지만, 익숙해지면 적극적으로 트릭에 도전하는 것이 좋다.

노즈 프레스 & 테일 프레스

노즈에 과감하게 하중을 주고 테일을 띄우는 기술이다. 반대로 테일에 하중을 주고 노즈를 띄우는 것은 '테일 프레스'라고 한다.

털기

노즈와 테일에 번갈아 체중을 실으면서 걷는 것처럼 앞으로 나아간다. 보드의 바인딩을 풀지 않고 짧은 거리를 이동할 때도 편리한 기술이다.

오리

보드가 휘어지는 반동을 이용하여 비스듬히 앞쪽으로 점프하는 기술이다. 다양한 보드 기술의 기본이다.

잭나이프

노즈에 체중을 싣고 테일을 띄우고 양손으로 노즈를 잡는다. 보드를 손으로 잡는 것을 '그랩'이라고 한다.

그라운드 트릭 테크닉

노즈 프레스

1 노즈에 힘껏 힘을 준다.

오리

1 뒷발에 하중을 주면서 자세를 낮춘다.

2 뒷발로 설면을 차듯이 노즈를 띄운다.

3 테일의 휘어짐을 이용하여 점프한다.

그라운드 트릭 테크닉

털기

1 노즈에 체중을 실어 테일을 띄운다.

2 뒷발을 앞으로 내밀면서 테일을 내리고 반대로 노즈를 띄운다.

5 노즈에 체중을 싣고 뒷발을 앞으로 내민다.

6 노즈와 테일에 번갈아 가며 체중을 옮겨 들었다 내리기를 반복한다. 리드미컬하게 앞으로 걸어나가듯 진행한다.

3 테일에 체중을 싣고 노즈를 띄우면서 앞으로 내민다.

4 앞발을 앞쪽으로 내밀면서 노즈를 내리고 다시 테일을 띄운다.

잭나이프

노즈에 힘껏 체중을 실어 테일을 띄우고 양손으로 노즈를 붙잡는다.

초보자의 쉽고 간편한 왁싱 방법

스프레이 왁싱

활주면 클리닝

1 스노보드 전용 클리너 스프레이를 흔들어서 보드의 활주면 전체에 골고루 뿌리고 때가 녹아날 때까지 기다린다.

2 때가 녹아나면 종이 타월로 깨끗이 닦아낸다. 심하게 오염된 상태면 스프레이를 뿌리고 닦기를 반복한다.

5 왁스가 마르면 코르크 스폰지로 보드면 전체에 잘 펴 준다.

6 나일론 브러시를 사용하여 다시 한 번 왁스를 펴 준다.

초보도 할 수 있는 간단한 클리닝, 왁싱 방법을 소개한다.
어렵지 않아 손쉽게 할 수 있고, 효과도 좋다.
간단한 방법으로 소중한 보드 장비를 깨끗하게 관리하자.

 활주면 왁싱

3 베이스 왁스를 활주면 전체에 얇게 펴 바른다. 기온과 습도, 눈의 질 등을 고려하여 적당한 왁스를 선택한다.

4 스노보드 전용 왁스 캔을 잘 흔들어서 입구에 달린 스폰지를 활용해 누르듯이 보드 바닥 전체에 잘 바르고 마르기를 기다린다.

7 화이버 천으로 마무리한다.

셀프로 보드를 튠 업 할 수 있는 제품은 대형 마트나 인터넷으로 쉽게 구할 수 있다. 단, 제품마다 사용법이 다를 수 있으니 설명서를 참조하도록 하자.

프로 보더의 쉽고 간편한 튠 업 방법

보드 클리닝 & 왁싱

활주면 클리닝

1 노즈에서 테일 방향으로 동(銅) 브러시로 보드 활주면에 있는 보푸라기나 때를 제거한다.

2 코르크에 감은 화이버 천으로 활주면에 붙어 있는 잘 안 보이는 보푸라기를 한 번 더 제거한다.

5 왁싱 페이퍼 위에 다리미를 올리고 서서히 밀면서 왁스가 활주면 전체에 스며들도록 한다. 노즈에서 테일 방향으로 2~3회 반복한다.

6 클리닝 왁스가 완전히 식기 전에 스크래퍼로 왁스를 완전히 긁어낸다.

베이스 왁스 왁싱

1 활주면 전체에 꼼꼼하게 베이스 왁스를 바른다(전용 다리미로 왁스의 표면을 살짝 녹이면 부드럽게 바를 수 있다).

2 왁싱 페이퍼를 깔고 그 위에 전용 다리미로 베이스 왁스를 녹이면서 적당량을 떨어뜨린다.

5 보어 브러시로 남은 왁스를 긁어낸다.

6 나일론 브러시로 브러싱한다.

손쉽게 스노보드 튠 업 하기

보드 장비의 관리 효과를 최대한으로 발휘하려면 전문 튠 업 숍에 의뢰하는 것이 좋다. 프로가 사용하는 클리닝 방법과 베이스 왁싱 과정을 소개한다.

3 전용 다리미로 클리닝 왁스를 살짝 녹여 활주면 전체에 바른다.

4 활주면 위에 왁싱 페이퍼를 깔고 그 위에 클리닝 왁스를 다리미로 녹이면서 적당량을 떨어뜨린다.

7 보어 브러시로 자잘한 왁스를 긁어낸 다음 나일론 브러시로 마무리한다.

8 마지막으로 화이버 천으로 긁어낸 왁스를 닦아낸다.

3 왁스를 노즈에서 테일까지 활주면 전체에 펴 바른다.

4 왁스가 식으면 스크래퍼로 긁어낸다.

7 마모 브러시로 마무리한다.

8 마지막으로 화이버 천으로 긁어낸 왁스를 닦아낸다.

처음 배우는
스노보드 매뉴얼

1판 1쇄 | 2013년 1월 10일
지 은 이 | 묘코산 스노보드 스쿨
옮 긴 이 | 이윤혜
발 행 인 | 김인태
발 행 처 | 삼호미디어
등   록 | 1993년 10월 12일 제21-494호
주   소 | 서울특별시 서초구 반포1동 718-8 ⓤ137-809
           www.samhomedia.com
전   화 | (02)544-9456(영업부) / (02)544-9457(편집기획부)
팩   스 | (02)512-3593

ISBN 978-89-7849-475-5 (13690)

Copyright 2013 by SAMHO MEDIA PUBLISHING CO.

이 도서의 국립중앙도서관 출판시도서목록(CIP)은
e-CIP 홈페이지(http://www.ni.go.kr/cip.php)에서 이용하실 수 있습니다.
CIP제어번호 : CIP2012005802

출판사의 허락 없이 무단 복제와 무단 전재를 금합니다.
잘못된 책은 구입처에서 교환해 드립니다.